Temperino rosso
edizioni

Silvana Archetti

L'altrove negli occhi delle donne

Temperino rosso edizioni

Design di copertina: Lulu.com
Impaginazione e grafica realizzata dall'autore

ISBN 978-1-4466-5015-8

Distibuito e stampato da:
Lulu Enterprises, Inc.
3131 RDU Center Dr., Ste. 210
Morrisville, NC 27560
USA
www.lulu.com
www.lulu.com/it

Dedico questo scritto a **Malli Gullu**, "morta in una stiva fetida, tra oltre quattrocento disperati che, come anime in pena, invocavano luce, aria, acqua e qualcosa da mangiare. La nave sarebbe salpata da un porto turco, il viaggio è durato sette giorni.

E' morta con accanto le figlie bambine e il marito, in quella cavità oscura, stipati come animali su un carro bestiame, mentre viaggiavano verso l'Europa e la libertà. In attesa del terzo figlio, Malli Gullu, una giovane di 27 anni non ha sopportato l'infernale viaggio ed è morta dopo sofferenze terribili, uccisa dagli stenti."

Da *La Repubblica*, Martedì 16 Ottobre 2001

Introduzione

Emigrare, 'avvenimento' che sembra voler riguardare solo alcune persone che affollano la Terra, solo alcune parrebbe ne facciano esperienza, mentre altre, la maggior parte, no. Questo è quanto appare se l'attenzione è concentrata esclusivamente al concetto emigrazione come spostamento di notevole distanza da un luogo all'altro, dove per 'altro' intendiamo addirittura qualcosa di sconosciuto, di estraneo, o comunque di poco familiare. Ma se provassimo, anche solo per poco, a considerare tale termine non solo con le coordinate di spazio e tempo, ma anche di sviluppo, di crescita personale, potremmo scorgere che forse emigrare accomuna ogni uomo, e che questo fenomeno è parte della condizione esistenziale umana.

Fondamentalmente ognuno di noi nel passaggio all'età adulta compie uno spostamento: dal proprio luogo d'infanzia, dal proprio nucleo famigliare, migra verso uno spazio nuovo e diverso, uno spazio di maggior autonomia; lì alcune sicurezze fino a quel momento alquanto stabili rischiano di vacillare. Le 'radici' subiscono anch'esse una sorta di trasloco, nuova terra verrà aggiunta o sostituita a quella 'originaria', primordiale. E seppur minima è la distanza che intercorre fra il luogo familiare di prima e quello estraneo di nuova adozione, il protagonista di tale passaggio sperimenterà, anche se in scala ridotta e dai toni forse meno intensi e meno complessi rispetto all'emigrante d'oltre Oceano, alcune singolarità tipiche relative alla condizione del migrante.

Non importa quindi quanta sia l'ampiezza dello spostamento, della lontananza dal proprio nucleo originario, ma ciò che vi è in comune fra questi 'distacchi' rimane la spinta essenziale che soggiace, a volte silente e altre più prorompente e quasi incontrollabile, della forza vitale ed essenziale legata alla crescita della persona. Ciò pare essere una sorta di autoaffermazione tesa ad evidenziare in toni marcati le proprie capacità, anche quelle di assumersi responsabilità che fino a poco tempo prima appartenevano ad altri. Quindi continuare il proprio cammino avvalendosi della ricchezza personale di esperienze, di conoscenze, di saperi, 'accumulata' negli anni, ma anche cercando di mantenere sempre vivo e vitale il desiderio di 'sviluppo'.

Questa condizione da me presa in considerazione, di emigrante e di conseguenza di immigrato, pare dunque essere uno dei tanti 'ingredienti' che avvicina l'uomo a qualsiasi altro uomo, senza distinzione alcuna. Riuscire a pensare al fenomeno emigrazione-immigrazione anche in questi termini, credo possa suscitare maggiori sentimenti di condivisione e unità nella ricerca dello sviluppo, non solo personale, ma anche ampiamente umano.

La migrazione non solo quindi come fonte di problemi, di bisogni da soddisfare, ma anche "e soprattutto come risorsa individuale e collettiva",[1] è quanto cercherò di mettere in evidenza in questo scritto, focalizzando però l'attenzione maggiormente sull'immigrazione femminile. Lo sguardo rivolto al 'continente' donne mi è parso importante in quanto questo è a mio avviso ancora poco esplorato e, a volte, anche piuttosto misterioso, in quanto tendenzialmente la 'lettura' e 'l'interpretazione' del fenomeno migratorio viene fatta quasi esclusivamente in 'chiave maschile'.

Francesca Krasna, difatti riscontra che "lo studio dell'immigrazione al femminile – quale specifico e distinto campo d'indagine – è notoriamente un fatto relativamente recente. Ciò dipende in sostanza da due fattori: 1) Fattore quantitativo: l'elemento maschile nei flussi migratori verso l'Europa è stato per lungo tempo nettamente preponderante. [...] 2) Fattore qualitativo: inizialmente la componente femminile non ha

---

[1] ALAIMO A., MARENGO M., *Tracce dell'origine: un approccio inconsueto all'alterità. La Sicilia nei racconti dei siciliani di Losanna*, in BRUSA C. (a cura di), *Immigrazione e multicultura nell'Italia di oggi - Vol. II*, Franco Angeli, Milano 1999, p. 476.

evidenziato un modello di comportamento migratorio 'autonomo'. [...] Negli ultimi anni è invece emersa una tendenza tipica della realtà italiana: l'ampia presenza di donne immigrate da sole."[2]

Sovente quando si parla dell'immigrazione al femminile ci si intrattiene soprattutto sugli argomenti che vedono la donna reclusa, o succube di un destino prestabilitole da altri e che, a volte, rasenta l'indicibile. Ma la donna immigrata non è solo sinonimo di passività, di rassegnazione, ella è sempre più spesso un soggetto attivo, una protagonista principale ed essenziale di fronte a quanto la vita le sta riservando, ma anche le serberà in futuro, perché appare sempre maggiormente in grado di far tesoro dei propri sogni, delle proprie speranze, delle ricchezze interiori, dei propri malesseri, sconfitte, rivalse, dei propri tesori sommersi, delle nostalgie fatte di ricordi, in modo che ciò divenga sempre più fonte di energia per continuare il suo grande percorso esistenziale, in quell'universo colmo di mistero, che tutti accomuna.

E non manca in questa vasta complessità, cercando per quanto è possibile di attraversarla, con rispetto e delicatezza, il continuo lavorio interiore intriso di questioni irrisolte, di punti

---

[2] KRASNA F., *Le donne nell'immigrazione straniera: il caso del Friuli-Venezia Giulia*, in *Ivi*, p. 231.

interrogativi che immancabilmente dall'incontro con l'altro irrompono, anche senza preavviso.

Quindi parlare di un'immigrazione intesa come promozione alla persona stessa, implica il tentativo di superare le barriere della demonizzazione del fenomeno, cercando comunque di non scadere nel suo opposto, la mitizzazione. Da ciò l'importanza di avvalersi di conoscenze critiche, non arbitrarie.

Non nego di percepirmi, del resto, in un certo qual modo io stessa emigrata, e quindi di vivere anch'io tale condizione. Ho utilizzato i vocaboli: "in un certo qual modo" perché la distanza fra il mio luogo d'origine e quello attuale di 'adozione', non distano di moltissimi chilometri, ma comunque il passaggio da un piccolo paese sulle sponde del lago d'Iseo ad una città come Verona, 'politicamente' ma anche culturalmente da una regione all'altra, ha pur sempre i caratteri di una migrazione. L'esterno che prima mi circondava con la sua serena consuetudine è ora tutto da scoprire, i punti di riferimento affettivi vengono sostituiti da altri, le mappe di luoghi carichi di significato restano vive solo nei ricordi, altri luoghi stanno acquistando e probabilmente acquisteranno sempre più interesse e valore col tempo. La rivoluzione interiore accade ed è quasi un ricominciare, anche se, si sa che è solo una continuazione di ciò che si è.

Forse quanto detto ora potrebbe apparire anche come qualcosa di marginale e secondario rispetto al perché soffermarmi sull'argomento immigrazione al femminile, ma ritengo che questi aspetti personali non siano estranei all'evidenza di quanto comunque sia facile per ognuno, sia con esperienze più o meno 'grandi' e determinanti per la propria vita, riscontrare per sé la condizione del migrante. Ed è mio desiderio aggiungere che seppur la mia 'esile' migrazione, non mi abbia condotta verso mondi molto estranei, ciò mi ha comunque permesso di poter sperimentare, in scala ridottissima, quel fervido e palpitante 'mormorio' interiore, che credo accomuni tutti i migranti e dei quali sia anche la loro virtù.

'Studiare' privilegiando l'immigrazione al femminile ha voluto dire per me tentare di portare alla luce quelle capacità e potenzialità di tutte quelle donne la cui voce spesso non viene udita, o che comunque fatica ad immettersi in quei canali comunicativi che invece le aiuterebbero ad esprimersi.

La letteratura sull'immigrazione mi ha permesso di compiere alcune riflessioni sulla complessità del fenomeno, su quali interrogativi, riflessioni, prese di posizioni esso suscita.

A questo punto vorrei evidenziare i motivi inerenti la scelta di effettuare le interviste. Mi sembrava importante e arricchente lasciare che alcune donne immigrate potessero, attraverso i propri racconti, parlare, narrare in prima persona di quanto in effetti loro hanno vissuto, provato, in modo da conoscere anche quali fossero i sentimenti che l'immigrazione aveva suscitato in loro. Permettere a queste donne di avere voce, è stato il principale obiettivo delle interviste. Il mio intento è stato soprattutto quello di stimolare la parola, di essere 'mezzo', con le mie domande, in modo da poter conoscere, attraverso la loro disponibilità ed apertura, quegli aspetti poco noti che vengono vissuti da chi emigra.

Le donne sono di diversa provenienza: ciò 'arricchisce' la conoscenza delle diverse tradizioni, dei diversi modi di vivere, per poter scoprire qualcosa in più, e poi, magari, osservare anche qualche differenza culturale, anche se ciò si dimostrerà piuttosto difficile, dato che i termini di confronto sono piuttosto esigui.

Nuovi scenari si delineano davanti a tutti noi: le città mutano il loro aspetto, nuova gente affolla le strade. Le masse da sempre hanno posto problemi, ed è in questo intrecciarsi di interrogativi che le donne immigrate da me intervistate propongono le 'loro' risposte.

Non manco comunque nemmeno di sottolineare l'importanza della relazione, strumento privilegiato affinché vi siano sempre più spazi in cui il confronto e l'incontro possano divenire una presenza sempre più reale.

Questo scritto, spero possa mostrare quanto siano importanti le scelte che ogni uomo compie sul pianeta Terra, perché esse sono sempre vitali ed essenziali, "perché occorre riconoscere [...] che il pianeta è la nostra 'casa' comune (*oikos*), il nostro spazio d'esistenza"[3], perché è quindi solo in esso che si può vivere con dignità o meno, con consapevolezza o meno, la propria esistenza

[3] BERNARDI R., *Geografia: una scienza della e per la pace*, in CITARELLA F. (a cura di), *Studi geografici in onore di Domenico Ruocco*, Loffredo, Napoli 1997, p. 643.

Le interviste

Questa parte sono le 'voci' delle donne stesse a comporlo, attraversando *puzzle* di singole storie, raccontate, attraverso singole interviste da me realizzate tra il mese di Marzo e Aprile del 2002. Parole, voci, testimonianze vissute, che forse possono, assieme a tante altre, svelare maggiormente la complessità che l'emigrare, e di conseguenza l'immigrazione, porta con sé. Interessante a questo riguardo l'affermazione di Francesca Krasna la quale scrive: "Purtroppo troppo spesso si tende a dimenticare che dietro l'evidenza elegantemente asettica dei numeri si celano realtà molto complesse, in cui gli aspetti qualitativi, psicologici ed emotivi, rappresentano la dimensione più importante e più vera del fenomeno che si cerca di monitorare. Isolare l'aspetto femminile per analizzarlo separatamente ed in profondità è in fondo un modo per cercare di recuperare questa dimensione. Ciò non significa per altro sminuire l'importanza delle analisi quantitative; si tratta piuttosto di una proposta ad integrare tale metodologia con altri approcci".[4]

La ricerca di possibili donne disponibili ad essere da me intervistate si è rivelata piuttosto lunga e frammezzata da tempi di attesa, in cui loro dovevano pensare se rispondere a questa mia richiesta in modo affermativo o negativo. A volte l'attesa si è rivelata vana, e non nascondo lo sconforto nel sentirmi rispondere negativamente, oppure senza aver la possibilità di risentirle. Ho anche partecipato a delle riunioni per mediatori culturali, in prospettiva di riuscire a contattarne qualcuna, ma con risultati poco proficui per il mio scopo. Dopotutto ero un'estranea, nessuno mi conosceva, quindi il loro diniego non era qualcosa di inaspettato. Avevo pensato a priori a questa eventualità, però, sicuramente, non avevo preventivato tutta questa difficoltà. Mi rammento il forte malessere che ho provato quando, in questi incontri, mi sono avvicinata a due donne, che somaticamente potevano provenire dalla Cina, le quali, senza batter ciglio, e molto velocemente mi hanno espresso il loro rifiuto. Poi, probabilmente non ancora soddisfatta di quanto mi era accaduto, mi sono recata in un ristorante cinese, e precisamente in una rosticceria cinese: la più vecchia d'insediamento a Verona, ma anche lì la risposta ha avuto il

---

4 KRASNA F., *Le donne nell'immigrazione straniera: il caso del Friuli-Venezia Giulia*, in BRUSA C. (a cura di), *op. cit.*, p. 244.

medesimo risultato. Non ancora totalmente scoraggiata, ho varcato le soglie di un altro ristorante cinese, ma alla fine l'unica possibilità legittima era arrendersi, quindi mi sono resa conto che l'intervista a donne cinesi non sarebbe potuta rientrare nella raccolta delle testimonianze. Ho poi contattato telefonicamente la presidente di un'associazione interculturale, la quale mi ha indicato il nominativo, dopo averla personalmente contattata, di una donna straniera disponibile ad essere intervistata. Quindi, arrivata alla conclusione che probabilmente per essere ammessa in una rete dovevo necessariamente conoscere qualcuno (solo una donna mi avrebbe poi presentata ad altre), nonostante ciò qualsiasi strada intraprendessi risultava un vicolo cieco. Durante un ulteriore incontro per mediatori culturali ho riconosciuto fra le varie persone una donna che già conoscevo. Immediatamente mi sono accostata a lei, e presentandomi le ho quindi ricordato l'interessante articolo apparso su una rivista in cui lei veniva intervistata. Da allora una rete relazionale ha iniziato a diventare qualcosa di tangibile e consistente. Lei si è rivelata molto disponibile, sia per essere intervistata che per ulteriori nominativi. E' stata comunque lei a farmi da apripista in questo mondo, a volte così vicino, nel senso che spesso quando camminiamo il nostro vicino è un immigrato, uno straniero, ma anche così distante.

A volte la paura dell'altro esce inarrestabile, senza essere stata minimamente invocata, ma è pur sempre il fattore che chiude ogni possibile spiraglio di incontro. Degno di nota in merito a quanto ora espresso sono le parole tracciate da Silvia Blezza Picherle, in cui trattando dell'incontro fra culture puntualizza che: "Non ha senso [...] temere di accettare il confronto con gli altri diversi culturalmente da noi, perché tutto ciò non implica necessariamente il ripudio delle proprie convinzioni e tanto meno la perdita della propria identità. Il fine dell'incontro infatti non è creare un cocktail o un miscuglio culturale, né tanto meno pervenire ad un generico eclettismo o sincretismo, in ogni cultura verrebbe a perdere di fatto la sua peculiarità e la sua specificità. Incontrarsi significa interagire, cioè conoscersi e scambiare qualcosa, al fine di raggiungere reciproci cambiamenti, che non sempre e non necessariamente devono essere convergenti."[5]

Superati gli ostacoli iniziali, le intervistate si sono rivelate, ognuna a modo loro, inclini a voler continuare la relazione; in taluni casi gli incontri sono proseguiti anche dopo l'intervista. La signora Kashmira, indiana, mi ha invitata una sera ad assaggiare la sua cucina indiana. In diverso modo mi ha manifestato la sua gratitudine per essere stata ascoltata la signora Ranzie,

---

[5] BLEZZA PICHERLE S., *Educazione al silenzio ed intercultura*, in AGOSTI A. (a cura di), *Intercultura e insegnamento - Aspetti teorici e metodologici*, Società Editrice Internazionale, Torino 1996, p. 61.

mostrandomi un documentario in cassetta del suo Paese, da lei ampiamente commentato, e, sempre per ulteriori informazioni, mi ha anche consigliato un testo da leggere, dopodiché salutandomi mi ha calorosamente invitato, al ritorno dalle vacanze nel suo Paese, a rivederci per scambiarci opinioni sul testo, che nel frattempo mi impegnerò a leggere. Lei invece mi ha rivelato di voler fotografare angoli particolari dei suoi luoghi natali, anche per potermeli far vedere. Mentre la signora Fatma, del Marocco, durante l'intervista ha preparato la bevanda tipica del suo Paese, il tutto con appropriati contenitori tipici: dalla teiera e bicchieri puramente marocchini, al tè rigorosamente marocchino, senza ovviamente tralasciare la modalità tipica del versamento nel bicchiere. E non è mancato il sottofondo musicale ricreando un'atmosfera molto, molto particolare e distensiva, forse un po' anche per esorcizzare i toccanti racconti da lei espressi. Penso di poter affermare che la mia fatica non è stata vana, anche perché la 'ricchezza' che ognuna di loro mi ha donato credo sia qualcosa di prezioso e unico.

Le donne che ho 'incrociato' – chi solo per poche parole, chi telefonicamente, chi per interposta persona – sul mio percorso più o meno tortuoso sono state oltre una ventina, ma di queste solo sette sono state disposte ad essere intervistate. Credo che per ogni persona l'intervista sia stata qualcosa verso cui nutrire timore, sia per le cose sconosciute che potevano emergere, sia per il rischio che avrebbero potuto riaprirsi 'ferite' non ancora rimarginate. E di conseguenza le domande da me poste, anche a seguito degli atteggiamenti che ho potuto osservare durante il reperimento delle potenziali persone, non si avventuravano troppo in profondità. E poi non seguivano necessariamente un ordine già precluso a priori, ma, a seconda della specifica intervistata, procedevo di conseguenza. A volte alcune domande le ho omesse, o per il tempo che da sempre è tiranno, o perché coglievo la stanchezza nell'altra persona e quindi la volontà di concludere. Il luogo delle interviste è sempre stato casa loro, e questo è stato il volere di tutte, all'unanimità: chi perché aveva il bambino piccolo, quindi non poteva lasciarlo a casa da solo, chi altro, ma credo che in fondo lì si sentissero più protette e a loro agio.

Le testimonianze raccolte sono di donne provenienti da luoghi diversi, una scelta questa non casuale, ma bensì definita già di partenza. La prerogativa che mi ero posta si basava solo sulla differenziazione dei luoghi di provenienza più che di determinati luoghi. Anche se mi prefiggevo, qualora ne avessi scovate, di evidenziare quelle differenze dettate dai vari luoghi d'origine, o magari le eventuali somiglianze. Un'altra cosa che richiedevo alle intervistate è che parlassero italiano, in quanto per me sarebbe stato ulteriormente gravoso e difficoltoso riuscire ad entrare in relazione con loro impiegando una lingua che non padroneggio completamente. Lo strumento che mi ha perennemente seguito è stato un piccolo registratore, senza il quale sarebbe stato problematico e improbabile riuscire a scrivere ogni parola che veniva enunciata. Poi il lavoro successivo è stato di sbobinatura. Il registratore all'inizio di ogni intervista risultava una presenza poco facilitante nel raccontarsi, poi perdeva la presenza di estraneità e risultava come parte dell'arredo. Per me tale strumento era di estrema utilità, in quanto se avessi scritto, (oltre a non poter trascrivere ogni parola) avrei avuto anche difficoltà nell'ascoltare con partecipazione, in quanto "la comunicazione è un fatto globale in cui si fondono aspetti verbali e non verbali, cioè tutti quegli elementi che fanno parte integrante dell'unicità e della peculiarità di una particolare persona. L'intervistatore deve dunque essere pronto a cogliere tutto ciò che l'intervistato ha da dire, in qualsiasi modo egli intenda dirlo, dovrà cioè porsi in un atteggiamento di ascolto attento di tutte le possibili comunicazioni che vengano dall'intervistato, qualsiasi sia il *medium* comunicativo utilizzato."[6]

Gli scritti seguenti saranno appunto testimonianze da me raccolte, e precisamente estratti delle interviste. L'attenzione quindi verrà focalizzata sulle frasi che vanno immediatamente al centro delle questioni poste dalle mie domande. Come ho

---

[6] KANIZSA S., *L'intervista nella ricerca educativa*, in MANTOVANI S. (a cura di), *La ricerca sul campo in educazione - I metodi qualitativi*, Bruno Mondadori, Milano 1998, p. 42.

accennato all'inizio spero che siano le donne intervistate le vere protagoniste di questo *excursus*.

Ogni nome è puramente inventato, non corrisponde alla realtà, per motivi di riservatezza personale.

Eventuali distorsioni sintattiche individuabili negli interventi delle intervistate, sono dovute alla fedeltà da me attribuita alle esposizioni orali, come anche alle difficoltà espressive di alcune di loro.

La formulazione generale delle domande che ho rivolto nelle interviste è nata anche grazie ad alcune indicazioni bibliografiche che ho potuto reperire e dallo scambio e confronto di idee con alcune persone che operano al Cestim (Centro Studi Immigrazione), luogo dove ho anche svolto il mio tirocinio. La scaletta comprendeva delle domande che avevano come fine quello di conoscere gli aspetti anagrafici e del livello scolastico intrapreso dalle persone, così come sapere da quanti anni una persona vivesse in Italia; queste sono state le richieste d'apertura dell'intervista. Facili quesiti anche per aiutare entrambi, sia l'intervistatrice che l'intervistata, ad 'entrare' gradualmente, senza eccessive forzature, in relazione. Successivamente le domande s'indirizzavano nell'esplorare i perché una persona sceglie di emigrare, cercando poi di sondare anche gli aspetti affettivi che hanno condotto a questa scelta, perciò quale fosse il bagaglio –

non solo materiale – che una persona aveva portato con sé dal proprio Paese, ma anche come ci si può sentire nella condizione di immigrata, e se per queste donne vi erano state in passato, o nel presente, differenze di trattamento riferite alla loro condizione femminile. L'attenzione del questionario poi si spostava sui vantaggi derivati dalla scelta di emigrare, e quindi dell'essere immigrata, ma anche da quanto invece viene racchiuso sotto la dicitura 'svantaggi'. Poi la questione della nostalgia, inerente ai luoghi lasciati, e successivamente quella relativa ai luoghi 'altri', nuovi, e al come si percepisce il nuovo posto di residenza assieme anche al come si convive con gli altri abitanti di questo luogo. In riguardo a ciò particolarmente sulle donne che le immigrate incontrano, per cercare di capire come loro le sentono e che opinione se ne fossero fatte.

Viene introdotto poi il discorso politico, cercando un raffronto tra il come si sono sentite considerate appena giunte in questo Paese, e di come invece si sentono tuttora. La domanda relativa alla politica istituzionale riguarda invece la loro valutazione del momento attuale dell'Italia, come anche dell'Europa. In relazione a ciò si pone poi l'attenzione nel sondare le relazioni da loro intraprese, principalmente quelle di aggregazione tra connazionali o della cerchia allargata degli stranieri. Viene inoltre chiesto se partecipano alla vita di associazioni, ed eventualmente di quale tipo.

La penultima domanda è invece una richiesta d'ipotesi riguardante un futuro possibile: immaginare una città in cui persone di diversa provenienza geografica possano stabilirsi in modo proficuo. L'ultimo quesito, a conclusione dell'intervista, è: "cosa manca qui per 'voi'?"

In estrema sintesi l'intento principale delle domande era quello di cercare di capire cosa si nasconda dietro alla condizione di immigrata, alla scelta di emigrare, al mondo complesso legato ai sentimenti, agli affetti, agli svantaggi, come anche ai vantaggi di questa scelta. Come avviene il loro inserimento, come vivono e percepiscono i luoghi e le persone poco familiari, cosa pensano del loro Paese natale rispetto a quello attuale, di questi Paesi anche le politiche, e se prendono parte, sono soggetti attivi, propositivi, della vita sociale.

Traccia generale per le interviste

- Età
- Stato civile
- Titolo di studio
- Quando è arrivata in Italia?
- E a Verona (o nel luogo dove ora risiede)?
- Perché ha scelto di emigrare? E perché immigrare in Italia?
- Cosa ha comportato poi questa scelta: nel luogo di partenza e nel luogo d'arrivo?
- Cosa ha portato con sé nella sua valigia?
- Giunti in un luogo nuovo come ci si sente?
- Secondo lei ci sono, o ha percepito, differenze 'di trattamento' fra immigrate ed immigrati?
- Vantaggi e svantaggi di questa esperienza?
- Nostalgia dei luoghi natii?
- Come è stato il suo inserimento in questa città o paese?
- Come vive e percepisce la città o il paese?
- E i suoi abitanti?
- Come descriverebbe le donne che vede o incontra per strada?
- Come si è sentita appena giunta in Italia (accolta, accettata, oppure....)? Ed ora?
- Come vive il momento politico dell'Italia? E dell'Europa?

- Ha relazioni con altre/altri immigrate/i? Sono solitamente persone della sua stessa comunità di provenienza oppure... ?

- Fa parte di alcune associazioni? Di che tipo sono queste associazioni?

- Se potesse inventare una città in cui persone di diversa provenienza geografica vi si potessero stabilire come se la immagina?

- Cosa manca qui per 'voi'?

Naira

Naira è stata la donna che mi ha permesso di contattare poi anche le altre persone.

Naira ha 36 anni, proviene dal Brasile ed è sposata con un italiano da 15 anni. E' nata in una città chiamata Teresina, non molto vicino alla capitale Brasilia. *Sono 'figlia' della Caatingas Sertão* [zona semiarida] *brasiliana, questa è una zona molto particolare non solo dal punto di vista geografico, ma anche dal punto di vista umano, culturale.* Naira e suo marito si sono conosciuti in Brasile, dopo essersi sposati hanno vissuto lì per un periodo. *E poi lui aveva voglia di rientrare e abbiamo deciso che saremmo venuti in Italia per un periodo.*

Lei mi chiede espressamente di darci del tu ed io acconsento.

<u>Che titolo di studio hai?</u>

Noto che si dilunga molto in questa risposta, io non la interrompo anche perché credo sia un modo per iniziare a 'familiarizzare'. Naira difatti mi narra anche del percorso da lei effettuato in Brasile, e del suo impegno a livello sociale, emerge anche qualcosa del contesto particolare in cui è cresciuta.

In Brasile lavoravo nell'ambito della dietologia, in un ospedale soprattutto con bambini denutriti in quel reparto. Poi, io a livello di scuola superiore avevo fatto la scuola agraria con indirizzo più legato alle tecniche di alimentazione e poi mi veniva naturale continuare gli studi in quell'ambito, e quindi questo è stato anche il mio percorso all'Università in Brasile. Nel mio tempo libero, che non è tempo libero in Brasile, non si dice questo ma si parla di militanza, quindi io avevo delle relazioni, lavoravo e mi impegnavo nelle questioni urbane soprattutto donne e bambini e tutto quello che ha a che fare con la salute pubblica diciamo così, all'interno di un'area urbana di periferia praticamente. Io sono figlia della generazione della riapertura democratica di quel Paese.

Quando sei arrivata in Italia?

Io sono arrivata nell'Aprile '92, sono arrivata, anzi siamo venuti direttamente a Villafranca. Il venire in Italia ha fatto parte di quello che è stato un percorso che noi abbiamo fatto in quanto coppia.

Quale è stata la molla, sempre che ci sia stata, che ti ha fatto fare una scelta di questo tipo?

Intanto la relazione che avevo con lui. E quindi il ricollocarsi nella disponibilità e apertura di continuare la relazione, poi lui aveva bisogno, naturalmente, sentiva la necessità di un minimo di ritorno rispetto alla sua realtà. Questa non è stata la cosa principale, ma la cosa principale è stata quella di aver maturato insieme che potevamo fare un'esperienza anche altrove, non necessariamente in Brasile. E ribadisce che è ancora aperta la possibilità di andare anche da un'altra parte. Venire in Italia non è stato per Naira un'avventura. *L'ipotesi che a me piacerebbe venire in Italia, ma non mi piacerebbe venire in Italia come un'avventura, nel senso così classico della parola. Io avevo il mio lavoro [...] Questo voleva dire: spostarsi e non perdere tutto il patrimonio e le esperienze che io avevo prima, questo era per me il punto principale.*

Volevo chiederti, dato che alcune di queste frasi che ora hai detto le ho ritrovate nella pubblicazione di una tua intervista, cosa intendi con: "Volevo comunque portarmi dietro tutto il mio bagaglio?"

Nel senso che io avevo fatto delle cose, ero impegnata con una realtà soprattutto, e con il cambiamento di quella realtà per i motivi storici di cui ti ho detto precedentemente. Pensare di essere in un altro posto vuol dire, almeno per me, non è stato mai dire, mai mettermi in testa che io qui avrei cominciato da capo, per capirci. Naira voleva in sostanza considerare con attenzione il contesto in cui viveva. *Vedere se c'era qualche spazio dove io potessi inserirmi, dove io potevo partecipare in un certo qual modo.* Difatti ora conducono una casa famiglia per minori... Ma lei ha comunque continuato il suo cammino anche di tipo personale e le è nata la voglia di studiare. *E allora mi sono preparata per due anni per fare l'esame di maturità. [...] Per continuare ciò che avevo fatto in Brasile per me era importante studiare. E poi mi sono iscritta, dopo l'esame di maturità, e nello stesso anno all'Università.* Ha scelto di non prendere la Cittadinanza Italiana, anche se avrebbe potuto perché aveva sposato un cittadino italiano. *Ma assumermi la condizione di immigrata, quindi per me restava un punto abbastanza importante.*

<u>Giungere in un luogo nuovo, totalmente o a volte anche solo parzialmente diverso da dove si è vissuti fino a poco tempo fa, come ti sei sentita?</u>

Penso che la fase iniziale sia difficile per tutti. La voglia di comunicare e non riuscire perché non hai gli elementi della lingua, la voglia di comunicare e non riuscire perché le persone qui stabiliscono delle relazioni che sono diverse. Io invece venivo da un modello di relazione... Continua poi parlando del modello di relazione che lei ha vissuto e respirato nel suo Paese: *Tipo di modello di famiglia più allargata, non solo, ma con buone relazioni di vicinato, dove quello che avveniva all'interno di un quartiere poteva diventare un problema di tutti, quindi di mettersi insieme per risolvere determinate cose. Io poi sono figlia di tutta la cultura dei circoli di cultura, legata alla pedagogia degli oppressi, il cui pedagogista brasiliano che si chiama Paulo Freire, (che è anche uno dei maggiori esponenti della pedagogia degli oppressi) anzi il più grande pensatore in questo campo. [...] Io venivo da questo tipo di esperienza, trovarsi in un contesto dove la relazione di vicinato è molto più soffusa. [...] Insomma uno si sente abbastanza spiazzato, nonostante abbia degli elementi e abbia nella sua valigia delle potenzialità, delle ricchezze, ma non è così scontato nella prima fase. [...] Direi che la fase più difficile è quella iniziale, che esige da te moltissime* energie, perché comunque è da quella che dipende il tuo percorso futuro all'interno di quel Paese.

Secondo te ci sono, data la tua esperienza, delle differenze di 'trattamento' tra persone immigrate femminili e persone immigrate maschili?

Ma nella mia esperienza ci sono molte differenze, molte differenze. [...] Il motivo del lavoro... [...] Anche perché sono stati gli uomini, almeno nella storia dell'emigrazione italiana è successo così: prima ci sono stati i ricongiungimenti familiari... Che io considero adesso come un inizio, una fase ancora iniziale dei ricongiungimenti familiari. La donna non solo si riappropria di una relazione di tipo familiare, ma anche di spendere delle energie per vivere in questo contesto, per rapportarsi con questo contesto. Allora questa è una grossa differenza, perché è una differenza, nonostante la percentuale delle donne che sono immigrate oggi non è che siano quantitativamente minore rispetto a quella maschile. [...] Il fatto che c'è un'esigenza, cioè questo Paese accoglie nella misura in cui vengono fuori delle esigenze nell'ambito del lavoro, non è che l'Italia dice: "Che bella che è la relazione quindi accettiamo i flussi migratori..." Avere questa visione così pesante, ma non solo visione, ma anche atteggiamento, e come si muovono le cose nell'ambito del lavoro, in un certo senso marca il settore principale dove si vede preferenzialmente la figura maschile e allora le donne, in questo caso, devono trovare un loro spazio. E Naira sottolinea il fatto che le donne sono riuscite, e stanno trovando un loro spazio. *Un loro spazio privilegiato, che non è solo quello di riavvicinarsi alla famiglia, ma anche di trovare un loro spazio con una fetta di autonomia dando il meglio che loro possono.* E questo spazio ha a che fare con la cura e con la relazione, ed è un percorso che pare coinvolgere tutte le donne immigrate. *Perché esse desiderano trovare questo spazio al di fuori della famiglia con una misura giusta, riuscendo a compatibilizzare l'esperienza di cura anche con le esigenze della famiglia, anche in quelle famiglie la cui cultura o non 'ammettono' [virgolette sue] che le donne vadano a lavorare.* Secondo Naira la donna sviluppa una notevole capacità nello stabilire le relazioni. *La grossa capacità di stabilire le relazioni che hanno le donne, anche se pur di culture 'chiuse' [virgolette sue], penso che tutto sommato ritrovarsi a lavorare nell'aspetto della cura rafforzi quel desiderio che le donne già avevano prima.* Poi si interroga sul come queste donne che lavorano come colf o badanti sono percepite all'interno delle diverse famiglie. *Come queste persone vengono percepite nelle famiglie, che percezione hanno, che voglia di relazione, che desiderio, più che voglia, hanno le famiglie nei confronti di queste persone? Io penso che soprattutto il soggetto principale interessato che è nella relazione, sia esso anziano o bambino, fa dei passi di riconoscenza della presenza della donna immigrata.*

Mentre la donna immigrata nel svolgere questo tipo di lavoro ha un 'ritorno'?

Ma non è solo di tipo economico, ma è un ritorno, tutto sommato, di ritrovare, di trovare una collocazione all'interno di questo contesto. La differenza fra l'uomo e la donna per Naira è proprio nel diverso modo di vivere la relazione. *Io non vorrei azzardare niente, ma ho l'impressione che in questa ricerca di spendere nello spazio di lavoro anche la relazione, cioè anche di costruire delle relazioni, questa è una componente diversa rispetto agli uomini. Cioè predomina, secondo me, nelle dinamiche del mondo lavorativo degli uomini una relazione diversa da quella che sto dicendo adesso. Lo spendere nella relazione, secondo me, è estremamente educativo nei confronti di atteggiamenti xenofobi, di paura dello straniero. Io penso che ci sia un percorso di modificazione di sé, sia della persona, del soggetto della cura, ma anche dell'altro, c'è qualcosa di creativo in tutto questa relazione.*

<u>Hai nostalgia dei tuoi luoghi? Se riesci potresti descrivermi che cosa comporta e come si 'materializza' questa nostalgia?</u>

Ha a che fare con qualche cosa di molto profondo, di radice. Io sono una che non ha rinnegato il mio Paese, non sono uscita arrabbiata dal mio Paese. Non mi sentivo esclusa, io mi sentivo inclusa perché era un percorso di cambiamento. Non uscire arrabbiato, secondo me, è un aspetto sano nel vivere il percorso migratorio verso un altro Paese. Quindi la nostalgia ha a che fare proprio con quello che eri e desideravi essere nel tuo Paese, quindi il lasciare le relazioni e lasciare determinati aspetti. Non solo tutta la ritualità dal punto di vista di tipo relazionale, ma non solo, anche dal punto di vista religioso, più che religioso spirituale, perché io sono sincretica. Arrivare qui vuol dire riuscire a combinare quello che tu eri con le cose che avvengono all'interno di questo contesto. Certo che non posso trasportare il mio modello di relazione dal Brasile a qua, come non trovo gli spazi per vivere degli aspetti spirituali come vivevo in Brasile no, però ci sono questi aspetti, direi, è possibile mediarli con cose che hanno a che fare in questo contesto; [...] posso portare il bagaglio di esperienze di relazione che io avevo, no, in quello che io sto facendo qui, in quello che io sto aiutando a costruire.

E questo quanto ha a che fare con la nostalgia?

Questo è un modo anche per diminuire, anzi non direi diminuire la nostalgia, ma per lavorare diversamente la questione della nostalgia dentro di me. Io mi mantengo assolutamente, non dico fedele in alcune cose, però cerco di non staccarmi mai da alcuni aspetti importanti che avevano a che fare con quello che io ero e facevo prima. Questo mi dà la misura di continuare ad essere in ricerca, ma continuare ad essere legata alla mia realtà. E un'altra cosa che le permetta di rimanere legata alla sua 'realtà' è il fatto che spesso fa ritorno al proprio Paese. *Cerco di ritornare in modo abbastanza continuato in Brasile, perché voglio preservare quel tanto di buono che c'era in quelle cose che io ero e facevo, quindi non so: i parenti, i posti, i profumi, gli amici. Alcune cose riesci a portarle perché quando ti sposti le porti sempre con te, oltre che dentro nella valigia nel suo senso simbolico, porti anche delle cose che hanno a che fare con quello che... non so: il cibo, degli oggetti, del materiale. Quindi c'è questo andare e venire in una relazione di questo tipo, questo penso sia per ammorbidire la nostalgia, ammorbidire una mancanza. Io penso che la nostalgia va sempre presa, se è sana, cioè se tu riesci a lavorare bene con la nostalgia sei anche aperta per rapportarti con il contesto in cui ti trovi.* Questo afferma Naira è un grande aiuto. *E' quasi un qualcosa di tipo curativo, preventivo, non diventi troppo armata nei confronti di questo contesto, cioè non sei sempre nella posizione di ritirarti o di difenderti a tutti i costi, ma entri più in una relazione di dialogo se tu riesci a mantenere la nostalgia, no, perché se fai il taglio, e ci sono delle persone che nel loro percorso fanno il taglio, allora nella condizione del taglio c'è qualcosa che resta là e quando ritorna – penso – ritorna in modo peggiore. Io ritengo la nostalgia un aspetto importante se trova un equilibrio.*

<u>Come è stato il tuo inserimento in questo paese: Villafranca, ma anche a livello di Italia? Come vivi e percepisci questo Paese e i suoi abitanti?</u>

Io ho un'esperienza positiva di inserimento, nonostante tutte le difficoltà, tutta la trafila che dicevo prima: burocratica, ecc. Comunque non posso dire di non avere avuto un inserimento positivo... Di conseguenza io sto anche dicendo che ho trovato delle relazioni significative qua. Trovare delle relazioni significative qua vuol dire guardare anche questo Paese da questo punto di vista, anche con le sue contraddizioni, ma se tu vivi una relazione positiva con quelle persone del posto dove arrivi, questo è un metro di misura per percepire anche questo Paese. Non è che tu percepisci così un Paese nel suo senso astratto, ma lo percepisci, di nuovo, attraverso le relazioni significative che hai e attraverso le cose che fai. Di conseguenza io penso che questo ti aiuti moltissimo a vedere questo Paese... Poi evidenzia anche le contraddizioni che lei ha percepito, e parla di questo Paese, dell'Italia. *E' un Paese che è crudele perché non ha vissuto nella sua contraddizione: quindi doppia crudeltà delle colonie, e quindi tratta gli immigrati come se fossero qualche cosa al di fuori della realtà di quello che sta avvenendo nel mondo, almeno questa è la percezione di tipo politico che io ho in questo Paese.* Per Naira quindi c'è un fattore positivo e uno negativo: due facce quindi dello stesso Paese. *Io credo che se tu hai avuto un buon inserimento nel Paese, è ben probabile, anzi sono sicura che allora è buona anche la tua percezione del Paese, quindi vivi una situazione di benessere. Invece un altro aspetto, secondo me, è quello della politica: la politica di tipo istituzionale macro tratta la questione dell'immigrazione, di conseguenza quello che è emigrato, quello che è venuto qui, quindi bisogna stabilire lo scarto e vedere quali sono le misure d'equilibrio fra quella che è un'esperienza positiva che hai nella tua storia migratoria in questo Paese e quello che è tutto l'aspetto istituzionale. Quindi non so: dà estremo fastidio andare in uno sportello e vedere come le persone vengono trattate, come gli immigrati vengono trattati.* Ribadisce fermamente che l'aspetto negativo di questo Paese è il poco interesse verso il complesso mondo dell'immigrazione. *Negativo nel senso che è un Paese che cura poco l'aspetto dell'immigrazione e che trattano gli immigrati come se fossero tutti la stessa cosa e tutti sullo stesso piano, nonostante si parli di immigrati che la sua maggioranza lavora, produce, paga le tasse, ma non si ha l'idea, secondo me, di un cittadino immigrato, nel senso istituzionale. Si ha ancora l'idea che se ti fanno qualche cosa è perché ti stanno facendo un favore, cioè non fanno la stessa operazione che io italiana pago le tasse per cui io ho il diritto all'assegno di non so che cosa per esempio, l'operazione rispetto all'immigrato è sempre di tipo assistenzialistico massimamente, e di tipo, direi anche quasi di favore e non di esercizio della cittadinanza.* Si sofferma anche sui significati legati ai termini di superficialità, di paura, e di ignoranza che respira in Italia accanto a lei. *Quindi alla fine perché rispondere a quello che uno dice che tutti i marocchini sono ladri? Io vengo spesso confusa come una marocchina, credo per l'aspetto fisico, ma quando io dico che sono una brasiliana, anche se sono anche africana, perché ho le radici anche nell'Africa, nella storia africana, l'altro davanti a me non capisce più, perché è abituato a vederti con superficialità, che è più di... di paura, che è giusto avere paura, ma che poi non lascia le persone libere di... C'è una fascia di ignoranza, proprio mancanza di conoscenza, ecc., c'è una fascia crudele direi di tipo istituzionale, dove metto dentro anche il mondo del lavoro, per cui un immigrato fa molta fatica ancora in questo Paese, nonostante io faccia un'esperienza positiva.* Altro aspetto negativo che lei sottolinea è il fatto che questo Paese spesso dimentica che tempo fa anche le persone di questo Paese emigravano. *Ce ne sono di italiani in giro per il mondo e sono andati con le stesse condizioni per cui molte persone sono arrivate qui, anche questo è un patrimonio di esperienza personale e relazionale, che fa parte della storia di un Paese.*

<u>Come descriveresti le donne che incontri e vedi per strada? Parlo soprattutto delle donne italiane.</u>

Intanto se la relazione è buona dove sei, ti dimentichi quasi da dove viene la donna. Non è più importante l'origine nel suo senso di radice, di posto, ma diventa più importante qualche cosa d'altro: la bellezza della relazione. Ad un certo punto fai un'operazione interna ed esterna nella relazione, che è quasi un dimenticarsi se l'altra è africana, italiana o una donna qualsiasi. La relazione è alla base di ogni rapporto, dice Naira, e il luogo da cui proviene una determinata donna è secondario, invece lei patisce quando avverte nelle donne rigidità e poca disponibilità al dialogo e al confronto, nascondendosi dietro a misure precedentemente stabilite, senza permettere ad altre di poter essere veramente se stesse. *Vivo con sofferenza, invece, quando vedo che le donne per il potenziale, la differenza di cui sono portatrici rispetto agli uomini, si perdono strada facendo. Quindi le donne che pensano, le italiane che hanno vissuto una storia di emancipazione per dire no, che tutto debba passare attraverso il divorzio ad esempio, questo deve essere una cosa che... non so anche tutte le altre devono vivere. E' come se io trovassi in loro, nella caratterizzazione di una donna abbastanza esuberanza in tutto questo, fuori misura. Vedo alcune, non posso dire la maggioranza... Voi avete vissuto in Occidente una storia di emancipazione, questa storia di emancipazione femminile non può essere la misura per tutte le altre storie femminili del mondo no. Io ho notato molto questa cosa: per essere emancipate bisognerebbe passare attraverso alcune cose, quali? Una cosa che mi viene in mente è il divorzio, oppure negare la questione spirituale, vivere in modo così, direi superficiale o quasi inesistenti gli aspetti di tipo spirituale che in questo caso, penso che ci sia anche la pesantezza di tipo cattolico, il modo come è impostata. [...] Le donne fanno fatica a vedere che le altre donne possono benissimo essere emancipate, ma preservando quelle caratteristiche, quelle cose che invece per loro sono fuori luogo e da abbandonare. [...] In tutto questo è la relazione a soffrirne, e quando qualcosa si inclina, la relazione diviene disarmonica. [...] Io noto che ci sia un po' questo punto che, secondo me, crea difficoltà qualche volta nella relazione perché non è mai vera, perché per essere vera io devo essere quella che sono, non devo omologarmi alle tue misure. Io resto quella che sono con la disponibilità, la voglia e il desiderio di avere una relazione con te e che tu mantenga quelle cose che tu ritieni importanti, ma che anch'io le possa mantenere.*

Cosa intendi tu per emancipazione?

Per me emancipazione è avere la giusta misura di quello che sei nella relazione con gli altri. Ma più che parlare di emancipazione in questo senso, io parlerei di altro, io parlerei del valore che hai e che sei comunque, le cose di cui tu sei portatrice e come tu metti questo in quello che fai. Ecco per me questo è emancipazione, è riuscire a trovare l'equilibrio nelle cose che sei e che fai, facendo circolare nella relazione con gli altri questo che può essere nello spazio di lavoro, nello spazio di relazioni familiari e che può essere nello spazio di amicizia, e nelle cose che semplicemente fai. Ma puntualizza che utilizzare la parola emancipazione è per lei qualcosa di inusuale, di parola inutilizzata nel suo Paese. *L'emancipazione di per sé come parola è un'invenzione dell'Occidente, quindi se io ritorno nella mia storia di donna in relazione con altre donne, perché stiamo parlando di questo, dalle mie parti non si usa la parola emancipazione femminile, se io prendo in considerazione il mio contesto.* Quindi Naira puntualizza che non è che in Brasile non ci sia il femminismo, ma è la parola che utilizzano per evocarlo che è diversa. *Non è proprio l'emancipazione la parola che noi usiamo, ma non è neanche la parola, sono gesti, sono saperi che hai e come questi saperi sei capace di sfruttarli, di metterli nella relazione con gli altri. La parola è relazione, non è neanche libertà la parola perché non è questo, certo che c'è un percorso di libertà femminile che tutte quante fanno, ma è tanto soggettivo, non è possibile che ci sia un percorso uguale per tutte, quindi si parla più di condivisione che mantiene una sua differenza, non dobbiamo comprovare niente a nessuno.* Poi riporta un esempio che le appartiene, che ha visto coinvolte le donne della sua Terra, donne come sua madre. *Certamente ci sono state o ci sono ancora delle cose crudelissime, non so, ad esempio nella mia zona, nell'ultimo decennio, le donne possono essere titolari delle terre nelle zone rurali, questa cosa non era permessa prima alle donne, ma mai per questo motivo le donne hanno mollato di avere, anche in modo tenace, il loro rapporto con la terra. Mia madre era una contadina, quindi non è mai diventata proprietaria di terre, ma non ha mai mollato il suo legame forte con la terra e con la cultura della terra, sia come lavoratrice, donna contadina, sia anche per i legami altri che presuppone avere con la terra. Io ritengo questo un percorso di emancipazione, però è sbagliata come parola da usare nel mio contesto.*

Come ti sei sentita quando sei arrivata in Italia?

Sarò stata accolta bene, ma anche male, dipende dal mio stato d'animo, non dipendeva solo dall'altro. Quando arrivi in un posto, in questo caso in Italia e sei sposata con un cittadino italiano, sembra che tutto possa filare liscio, invece non è assolutamente vera questa cosa, perché lì intercorrono altri tipi di relazione. A questo punto menziona alcuni atteggiamenti o modi di porsi differenti dal suo luogo d'origine, i quali, a volte le creano fastidio. *Un atteggiamento, non so, quello di parlare ad alta voce, quello di usare anche un modo di parlare con l'altro che non fa parte del tuo modo di essere: non so il tu dappertutto, invece noi il tu non lo usiamo quasi mai in Brasile, ma abbiamo cercato di utilizzare il "você", che è una cosa più morbida rispetto al tu. Noi abbiamo trovato la via di mezzo fra il lei e il tu, ma lasciando lo spazio di cura nel rapporto con l'altro. [...] E' l'immigrato che fa il maggiore sforzo ulteriore per riuscire a... se non altro non arrabbiarti ogni volta che queste cose avvengono o non restare sconfortato, ad esempio nel vedere dei bambini come trattano i loro genitori, questo io lo vedo come un gesto di maleducazione.* Naira dice di provar fastidio anche quando percepisce atteggiamenti frettolosi nelle presentazioni, nel far conoscenza fra le persone. *A volte sento molta superficialità. Mano a mano che tu vai avanti con il tempo tu riesci a raffinare questo aspetto: non ti arrabbi per tutti gli atteggiamenti che trovi in giro.*

Come vivi il momento politico dell'Italia e dell'Europa?

Lo vivo con timore, con grande timore perché noto che ancora ci sono pochissimi sforzi di lavorare in quel che potrebbe essere chiamato un buon inserimento dell'immigrato in questo Paese. Ci sono delle cose belle tipo: che tutti i bambini possono essere iscritti alla scuola dell'obbligo senza il bisogno di presentare subito i documenti ecc. Io ritengo questo un grandissimo passo di civiltà, però sono questi piccoli passi che vengono fatti in modo disarticolato, e quindi quello che appare è più il timore che le persone hanno di te, te che sei straniero, e questo ti dà un grande senso di sconforto. E' un momento confuso dal punto di vista politico, io lo vedo così. La politica che vedo io rispetto agli immigrati è grossolana, crudele, e a volte di ignoranza perché si mettono tutti gli immigrati in un solo calderone.

Hai relazioni con altre/i immigrate/i? Sono persone della tua stessa comunità di provenienza?

No, non necessariamente della mia comunità. L'esperienza di affido di bambini di immigrati mi ha portato sulla strada della mediazione linguistico culturale. Questo necessariamente, per fortuna, e io ritengo questo un aspetto positivo nella mia storia di immigrazione, aver avuto la possibilità di relazionarmi con tutte queste donne, che altrimenti se fossi rimasta in Brasile non avrei vissuto.

Fai parte di alcune associazioni? E se sì di che tipo sono?

Io faccio parte dell'Ishtar, associazione di donne straniere e italiane, io sono una delle socie fondatrici, è un'esperienza relativamente nuova, ma la considero una buona idea, uno spazio buono di vita associativa. Poi partecipo insieme ad altri mediatrici e mediatori in un gruppo, l'associazione è Terra dei Popoli. Questo è uno spazio di tipo educativo, ma non solo, di conoscenza, è uno spazio importante perché mi mette in relazione con le altre donne che vengono da altri Paesi. Quindi vi è uno spazio di tipo relazionale, sociale, io penso che questo sia uno spazio molto importante. Poi sono coinvolta anche nell'esperienza del commercio equo solidale, quindi tutta la storia del mercato altro, non solo come consumatrice ma anche dal punto di vista di proposte, di idee, di spazi culturali.

Se tu potessi inventare una città in cui persone di diversa provenienza geografica vi si potessero stabilire come te la immagini?

Non so come la immagino... io vengo da un'esperienza in un Paese dove c'è stata una grande esperienza, da noi si dice quilombo. Quilombo è una parola indigena che vuol dire, più che il posto, spazio fisico, vuol dire convivenza fra le persone che sono diverse, questa è storia vera, non è una leggenda. Secondo me quello è un buon modello di relazione fra le persone che partecipano da varie culture, etnie, e che questa esperienza di Quilombo nel mio Paese, nella storia coloniale sono state perseguitate. Sono state esperienze estremamente forti perché permettevano alle persone di vivere; no, naturalmente non si parla di città ma si parlava di comunità. Questo ha fatto sì che nella nostra storia questo aspetto della comunità fosse una cosa importante. [...] Se io dovessi immaginare una città io la immaginerei più o meno sulla scia di questo modello e quindi, se non altro con una grossa capacità di contrattazione.

Naira deve ritornare al proprio lavoro e ai preparativi perché a giorni ritorna, per le vacanze, nel proprio Paese.

Carmen

Carmen ha 25 anni (a Settembre compie i 26 anni), proviene dalla Romania ed è coniugata da un anno con un italiano, il titolo di studio: maturità Magistrale, ed ora è prossima alla laurea.

Anche con lei ci si concorda di darci del tu.

<u>Quando sei arrivata in Italia?</u>

Sono arrivata nel '91 a Marzo, e da Marzo fino a Settembre non ho fatto quasi niente, nel senso che non parlavo l'italiano, per cui... Io sono venuta con una famiglia italiana che mi appoggiava, e loro avevano chiesto a delle scuole che si trovavano lì vicino, delle scuole private, se potevo entrare in qualche classe e stare lì seduta ad ascoltare mentre l'insegnante parlava ai bambini, perché ho cominciato alle elementari. [...] E lì è rimasta da Marzo fino a Settembre, frequentando in quei mesi sia le elementari che le medie. *Man mano che loro parlavano,* [i bambini] *facevano degli esercizi li facevo anch'io e in questo modo ho imparato l'italiano.* In Romania aveva iniziato a frequentare il liceo. *Ma poi è capitata questa occasione per poter venire qua in Italia, per cui ho abbandonato il liceo e sono venuta qua in Italia.* A Settembre ha sostenuto un esame per poi potersi iscrivere alle superiori. *Mi hanno accettato al liceo e quindi ho cominciato le superiori in Italia. [...] Il fatto di parlare con i bambini mi ha aiutata molto perché loro utilizzano un linguaggio più semplice e se non capiscono chiedono alla maestra, quindi tu che sei lì ascolti ed impari.*

Come ti sei sentita?

Un po' mi sentivo strana, nel senso che i bambini non capivano se io ero una maestra, un'amica, non capivano il perché della mia presenza lì. Loro, ricordo le insegnanti che non erano suore, dicevano che ero un'amica della classe. [...] Poi mi sono iscritta alle superiori e il primo anno è stato pesantissimo. Negli scritti in italiano ero un disastro, i miei test di ingresso soprattutto per la lingua italiana, mi ricordo che i miei risultati erano inclassificabile, insufficiente. Ero molto preoccupata all'inizio. [...] Il primo anno è stato davvero un lavoraccio, anche rispetto alla lingua straniera: io conoscevo il francese ma qui si studiava l'inglese, poi c'era anche il latino. Ma per sua grande fortuna c'era un insegnante in pensione che l'ha aiutata nei compiti, ma anche svolgendo attività più elaborate.

Tu sei arrivata subito a Verona?

No io sono arrivata a Monza, vicino a Milano. Questa famiglia che mi ha portato qua in Italia era discendente di un cittadino rumeno. Dopo la guerra mio nonno aveva un amico rumeno che è scappato in Italia e aveva avuto a sua volta dei figli che si sono sposati. Dopo la rivoluzione è ritornato in Romania per ritrovare gli amici, ed era venuto a visitare mio nonno e in quell'occasione ci aveva detto che aveva una figlia sposata da tanto tempo, ma che non poteva avere dei figli, e le sarebbe piaciuto aiutare qualcuno negli studi o sostenere qualcuno in qualche modo. Quindi io sono venuta in Italia. Finito le superiori lì volevo andare a fare l'Università, a Milano c'era la facoltà Cattolica, ma siccome mi costava tanto, quindi dopo alcune ricerche ho scoperto che c'era la facoltà qua a Verona. Carmen sentiva anche il bisogno di staccarsi da quella famiglia, ormai maggiorenne voleva anche mantenersi per proprio conto. *E pagare le mie spese ed iscrivermi qua a Verona. Tramite conoscenze ho trovato un lavoro sul lago di Garda, a Sirmione: facevo assistenza ad una signora ammalata ed anziana. Stavo a casa di questa signora e venivo a Verona solo per gli esami, per parlare con gli insegnanti, e ho fatto così il primo anno di Università. Poi la sera andavo a lavorare in un bar, dopo avere messo a letto la signora.* Scoprì poi la possibilità di alloggiare, tramite un concorso, al collegio Don Mazza, fece domanda e l'accettarono, quindi si trasferì a Verona. *Io ero contentissima, perché voleva dire avere un posto e non preoccuparsi di come ti mantieni, avere una stanza tutta per te, avere vitto-alloggio garantito. Quindi mi sono trasferita qua in collegio e lì sono rimasta fino a che non mi sono sposata.*

<u>Ma nel frattempo hai continuato a lavorare?</u>

Sì ho sempre lavorato. Il primo anno di Università non ho ricevuto la borsa di studio perché fra la Romania e l'Italia non c'era una convenzione che prevedeva la reciprocità, quindi se l'Italia dice: "Io ai tuoi studenti rumeni do la borsa di studio, tu come stato rumeno se gli italiani vogliono fare degli studi lì gli devi dare la borsa di studio". Non esisteva questa cosa perché è ovvio che vengono piuttosto i rumeni a studiare in Italia che non gli italiani che vanno in Romania a studiare. E quindi mi hanno rifiutato la borsa di studio, quindi l'obbligo a lavorare ad ogni costo c'è stato. Dopodiché dal secondo anno invece è caduto questo vincolo, quindi non c'era più l'obbligo della reciprocità per accettare le richieste degli studenti stranieri. Quindi dal secondo anno di Università e fino adesso all'ultimo ho avuto la borsa di studio. Però ho comunque lavorato perché così mi potevo permettere il viaggio a casa, e poi avevo un fratello all'Università che ha due anni più di me e i miei si trovavano in difficoltà economiche, quindi dovevo mantenere anche lui.

<u>E' una domanda questa che ti porgo alla quale, sotto alcuni aspetti, mi hai già accennato, però mi piacerebbe che tu potessi parlarmene ancora: perché hai scelto di emigrare?</u>

Il motivo principale era il fatto che durante il regime comunista mio nonno era un detenuto politico. Quando è andato al potere l'ex dittatore rumeno Ceausescu aveva collettivizzato tutta la terra, quindi in pratica espropriava i proprietari terrieri della terra e tutto diventava dello Stato, quindi i privati non possedevano più niente. Per lo più imponevano il comunismo e imponevano la religione ortodossa. Mio nonno a quel tempo era sindaco in comune, nel comune dove sono nata io, e aveva organizzato assieme ad altri paesani una specie di rivolta contro questa imposizione. Le truppe di Ceausescu vennero in quel paese e presero i promotori di questa rivolta, fra cui anche mio nonno insieme a tanti altri. Mio nonno è rimasto in carcere per cinque anni, dopodiché l'hanno portato ai lavori forzati per altri due o tre anni. Poi c'è stata in Romania una specie di sanatoria dei detenuti senza motivi gravi, [...] e quindi mio nonno ha avuto gli arresti domiciliari. Arresti domiciliari voleva dire che periodicamente la polizia veniva a casa, faceva gli interrogatori e dovevi sempre essere sugli attenti. Insomma son cresciuta in un clima così. [...] Il fatto di essere nipote di un detenuto politico era come una macchia nera su di te. Per cui certi studi non potevi farli, certi lavori non potevi accedervi, perché era tutto sotto una dittatura. Ricorda anche le parole che suo nonno le disse prima di partire dalla Romania. *"Vai almeno tu, vivrai in un Paese democratico, libero". E' stata una decisione dei miei, avevo 14 anni. Il desiderio di andare c'era, però ovviamente non è che sei preparata a 14 anni con quelle che sono le difficoltà che potresti incontrare. Quindi un po' io curiosa di mio e con la decisione loro sono venuta in Italia.*

<u>Cosa ha comportato poi questa tua scelta, ma non solo tua, nel luogo di partenza e di arrivo?</u>

Dal luogo di partenza comporta perdita, non perdita totale, però per un periodo non hai più le tue amicizie, non hai più i tuoi punti di riferimento, non hai più i genitori vicini che ti possono parlare, consigliarti. Quindi da un punto di vista affettivo c'è una sofferenza che tu provi. Per la mia famiglia ha comportato una gioia, se vuoi, nel senso che i miei genitori e i miei nonni dicevano che: "Noi siamo cresciuti in un regime, dove ci sono stati chiesti grandi sacrifici e grandi limitazioni alla nostra libertà". Nel Paese di arrivo tutta questa novità comporta grandi cambiamenti nella tua vita. Incontri un periodo di sacrificio in cui devi fare tante cose, da un lato c'è tutta la curiosità e la voglia di imparare cose nuove, diverse, però questo ha degli effetti su di te.

Che genere di effetti?

Allora: io parto da un paese di campagna piccolo, Milano è enorme, partivo da un paese dove conoscevo tutti, arrivi in una realtà dove non conosci nessuno. Lì in Paese mio una certa cultura, una certa anche religiosità della gente, qui per strada nessuno si dice neanche il buongiorno, l'usanza del saluto qui non c'è, mentre da noi anche gente che non conosci si saluta. Quando Carmen è arrivata in Italia aveva 14 anni ed alcune difficoltà l'attendevano. *Difficoltà anche di passare da un modello di adolescente della tua cultura rispetto a quello che c'è qua. [...] Insomma sono realtà totalmente diverse, anche nel modo di relazionarsi.* I ricordi le riaffiorano nitidamente. *Mi ricordo che in classe ero molto disorientata quando io, sempre nel mio banco, per parlare alzavo la mano perché nella nostra scuola c'era molto rigore da questo punto di vista. Qua invece tutti parlavano insieme, io ero molto disorientata nel rapporto con gli insegnanti, non capivo come uno si potesse permettere determinate cose, mi sembrava troppo libero tutto.* Carmen spesso in aula si è sentita smarrita, incapace di comprendere un modello di società diverso dal proprio. *Quindi ti disorienta perché non sai più quali sono i valori, quando uno è in una cultura, quella di nascita sa quali sono i valori, sa un po' cosa si aspetta la gente da te.* Carmen ha vissuto con molta sofferenza soprattutto il primo anno delle superiori. *Il primo anno è il più difficile, poi ti abitui.* Lei mi rivela che per esorcizzare la soffocante sofferenza, scriveva lunghissime lettere ai suoi, perché tanta era la voglia di condividere con loro. E poi Carmen ricorda quando ritornava a casa per le vacanze estive.

Come era il ritorno?

Ero emozionatissima e felice di ritornare a casa ogni volta, quando arrivavo all'entrata del paese mi veniva un'emozione addosso, mi veniva da piangere. Salutavo tutti, abbracciavo tutti, poi quando dovevo ritornare mi veniva tanta amarezza. Questo succedeva soprattutto al liceo, non avevo trovato una classe buona verso di me, avevo trovato piuttosto una classe di famiglie benestanti e con tanti pregiudizi, nel senso che, mi ricordo che mi chiedevano se c'era il treno da me. Mi facevano tutte domande un po' sceme, un po' stupide, io mi sentivo molto a disagio. Loro pensavano che oltre all'esserci povertà nel mio Paese, tanti la creano questa idea di malessere ovunque. [...] Ci si incontrava per strada e nemmeno mi salutavano. [...] Una volta arrivata all'Università mi sono trovata molto meglio, avevo più gruppi di amicizie, più studentesse straniere che non al liceo.

Che cos'è che hai portato con te nella tua valigia?

Il primo anno che sono venuta non mi ricordo se ho portato qualcosa dalla Romania, penso di aver portato un libro... L'idea di andare in Italia, ti dà una sensazione che tutto quello che eri non era più importante perché andavi in un'altra realtà molto più elevata rispetto alla tua. Di colpo mi dava l'impressione che tutto ha perso importanza e che non mi sarebbe servito a niente e che in Italia sicuramente sarebbe stato tutto diverso. Nel tempo le cose però si modificano, anche perché ognuno di noi cresce, e anche per Carmen alcune cose sono mutate. *Man mano che diventavo più grande, mi riportavo dalla Romania sempre più cose con me.* A Carmen torna la voglia di avere accanto oggetti, simboli che la legano alla sua Terra, alle persone che là sono rimaste. *Mi portavo gli oggetti di legno che lavoravano i miei amici, mi portavo i ricami che magari avevo imparato a fare, portavo i libri, mi portavo delle cose che mi ricordassero i miei genitori. Cioè ero molto più legata agli oggetti, volevo sentire la presenza, me li mettevo tutti sul tavolo, così avevo l'impressione di aver vicino tutta la mia famiglia.*

Giunti in un luogo nuovo come ci si sente?

Ti senti un vuoto. Inizialmente senti questa grandissima differenza rispetto alla tua realtà precedente. Tutta questa novità dentro di te è come se tutto quello che eri prima devi metterlo da parte e incominciare a riflettere su quello che c'è adesso. Quindi come un bambino: partire da zero. Non è semplice, ricordo che all'inizio spesso piangevo, piangevo, mi mettevo a piangere e non mi fermavo più, poi mi passava e incominciavo di nuovo, perché quando una cosa è molto diversa e hai qualcuno con cui parlare, non so, una persona adulta e magari del tuo Paese, tu ti confronti e puoi parlare: "Vedi qui si fa così". [...] Sono sempre stata molto sensibile. [...] E' dura bisogna continuamente mettersi in gioco e dire va beh, imparerò pian piano, ma implica una forza di volontà ed è importante non svalutare te stesso. Devi aver fiducia in quello che sei ed andare avanti.

<u>Secondo te ci sono o hai percepito delle differenze di 'trattamento' fra immigrate ed immigrati?</u>

Quando ero più giovane no, adesso che sono più grande sì. Per quello che riguarda l'aspetto lavorativo: ci sono uomini che vengono e fanno certi lavori nell'edilizia, nelle fabbriche, ecc., hanno un contratto e fanno le loro ore di lavoro e vanno a casa. Si sofferma a parlare delle donne, del lavoro di assistenza in famiglie che svolgono le donne immigrate, e del 'prezzo' che loro devono pagare. *Quando una donna viene, che sia con documenti o senza documenti, tante di loro fanno i lavori nelle famiglie: l'assistenza o le pulizie, e a volte dormono anche nella stessa casa della famiglia. E la famiglia – questo l'ho vissuto personalmente, ma anche tramite i racconti delle donne che incontro – ti considerano come se tu fossi a loro disposizione, come essere un servo, per cui devi essere sempre disponibile in qualsiasi momento del giorno. Devi restare lì anche di notte, tante donne mi raccontano che non hanno neanche il giorno libero. C'è questo ricattare, nel senso che se non ti piace vai, tanto io domani me ne trovo un'altra, questo spaventa tantissime donne, perché: "Se non ti piace vai" e questo vuol dire vai in strada. Tante donne che magari fanno assistenza a persone anziane.* A parere di Carmen le donne soffrono molto della lontananza dei propri figli che sono rimasti nel loro Paese. *Anche gli uomini la sentono la mancanza, ma secondo me, le donne la sentono di più.* Una preoccupazione che investe molto duramente Carmen è il rapporto con la Questura. *Quando dovevo andare in Questura avevo una grande paura della polizia, perché appunto partivo da un'esperienza negativa. Io quando arrivavo in Questura non capivo più niente, ero agitatissima.* Rammenta la volta in cui, in fila prima di lei c'era un gruppo di prostitute, i funzionari non si sono risparmiati in battute, lei si è sentita trattata allo stesso modo. [Ora] *per fortuna mi hanno dato un soggiorno fino al 2004, adesso ho chiesto la Cittadinanza Italiana e spero che mi arrivi prima della scadenza.*

<u>Hai nostalgia dei tuoi luoghi natii?</u>

Sì. E' una cosa strana, nel senso che anche se passi tanti anni in un'altra realtà, in un'altra società, io mi trovo benissimo adesso qui, e vedo la mia vita qui. Però allo stesso modo sento il bisogno di ogni anno di ritornare, per cui ogni anno ritorno due o tre settimane, resto nel paese dove sono nata. Là incontro tutti, il bisogno di ritornare alle origini è forte ed è sempre stato così, il bisogno di tornare e mi sento proprio a casa, anche se qua non mi sento male. Là torni a quello da cui sei partita, vedi i cambiamenti. Questo bisogno è sempre forte e allo stesso ho rivalutato quello che da ragazzina pensavo non fosse importante. Per cui dopo ho rivalutato tante cose, ho rivalutato quello da cui sono partita, quando torno a casa mi compro una serie di libri, vado e compro altri oggetti in legno.

<u>Ora ti faccio alcune domande assieme, anche perché ho notato che alcune cose, attinenti per l'appunto a queste questioni, le hai già trattate, ma comunque se vuoi aggiungere altro fallo pure. Come è stato il tuo inserimento in questa città? Come vivi e percepisci la città? E i suoi abitanti? E l'Italia?</u>

Allora come è stato l'inserimento? Così per necessità mi sono inserita in una struttura dove c'erano altre ragazze che studiavano, ecc., per cui, questo collegio mi ha dato la possibilità di fare tante amicizie e di costruirmi una serie di rapporti, non solo studenti universitari. Verona mi è piaciuta da subito perché è più piccola rispetto a Milano, è a misura d'uomo. Evidenzia anche alcune differenze tra la gente di Milano e quella di Verona. *Per quello che riguarda la gente* [sorride] *la trovo più chiusa e più bigotta rispetto a quella di Milano. Allora, mi è capitato di incontrare, specialmente tra i giovani, persone molto aperte, quindi possibilità di confrontarsi, di parlare, di riflettere, di tenere meno in considerazione quello che si è e provare a mettersi in discussione rispetto a qualcuno di diverso. Però tra la gente di una certa età vedo anche tanta ignoranza, quindi non so, vedo tanti veronesi che hanno certe concezioni, vedono la gente in un certo modo, specialmente gli stranieri, hanno così una mentalità molto più chiusa, meno elastica e meno aperta rispetto alle diversità, secondo me.* Carmen pensava di trovare maggior disponibilità dato che l'Italia è il Paese dove c'è il Vaticano, invece ha constatato che può sì trovare persone disponibili, ma anche indifferenza. *E c'è maggior indifferenza, mentre da noi c'è maggiore relazione, forse questo è dovuto al fatto di essere di città, mentre io ero in un paese, secondo me. Secondo me anche da noi, se vai nelle città grandi, non ti considera nessuno.* Non tralascia di parlare della sua esperienza lavorativa in casa della signora anziana, in cui si è sentita sfruttata, e in un certo qual modo ingannata. *Io vedo la gente un po' così, ad esempio: quando sono andata a fare assistenza a quella persona anziana che ti dicevo, mi aveva detto che era autosufficiente, non aveva alcun problema, dovevo star lì a parlare con lei, non dovevo far niente, dovevo, va beh pulire la casa, far da mangiare alla signora, invece quando sono arrivata lì ho trovato tutt'altra situazione e io non avevo altre possibilità. Mi sono trovata con una signora non autosufficiente. E' proprio uno sfruttamento, non puoi rifiutare perché non hai altre possibilità. Quindi l'altro è da utilizzare, da sfruttare al massimo.* Soffermandosi sul movimento del femminismo insiste puntualizzando che forse qualche ventata di libertà ha portato ma non a tutte le donne. *Essere donna, se vuoi qui in Italia, ma penso anche in altri stati d'Europa il movimento del femminismo ha portato, magari certe libertà per la donna, una certa indipendenza, ma questo secondo me non è trasferibile alle donne però straniere. Le donne straniere tanti diritti non li hanno.*

Come descriveresti tu le donne che incontri per strada?

Donne italiane oppure...

Donne un po' in generale.

Le donne italiane hanno queste libertà che sono un bene, hanno permesso alle donne di dedicarsi a quanto più interessa loro, non so, si può dedicare al lavoro ad una carriera professionale, può fare gli studi che vuole, ovvio nel limite delle possibilità che ha. Specialmente le giovani hanno una condotta che, magari per la realtà italiana è accettata, ma magari per un'altra realtà ovviamente non sarebbe accettata. Non so, per me che vengo, appunto da un Paese... le immagini delle donne sono seminude e prendono il sole al mare, per me sarebbe una cosa di scandalo. Invece qua è un'abitudine, adesso tipo le pubblicità, nella maggior parte c'è una donna che è seminuda e questo per noi è più di scandalo, adesso però incominciano anche in Romania a fare tutte le pubblicità legate alla donna, per cui ovviamente la libertà viene intesa in tanti modi dalle persone. Da noi c'è grossa differenza tra la realtà di campagna e la città. Distingue poi, attraverso alcuni esempi, le peculiarità femminili del proprio Paese: la Romania e l'Italia. *Sì, da un lato le italiane hanno maggiori libertà, maggiori possibilità, se vuoi c'è anche maggiore benessere, per cui tante cose che magari una volta si pensava impossibili per una donna, adesso si possono fare, e tante volte si cade nell'opposto. Non so: voler decidere tutto da soli senza magari più considerare i valori che credo che anche qui i genitori italiani insegnano ai propri figli. [Invece] per le straniere non si è arrivato a tutta questa libertà, non so, nel mio Paese, per esempio tante donne sono sposate e magari non sono amate, anzi ci sono donne maltrattate e donne con mariti che bevono, e donne che subiscono qualsiasi forma di violenza e che non penserebbero mai ad un divorzio. Per cui è l'opposto, questo sottomettersi a qualsiasi trattamento, a qualsiasi cosa pur di non separarsi o di non avere i figli da tirar su da sole. Oppure da noi dai quarantacinque anni sembrano tutte vecchiette, perché c'è l'idea, così nell'opinione comune che, ad una certa età ti vesti in un certo modo con dei vestiti molto più scuri, è come un tirarsi fuori dalla vita mondana, tirarsi da una parte. Fare un periodo, perché l'idea era, cioè che un periodo prima della morte in teoria dovesse essere molto più una persona che riflette di più, che prega di più, sta fuori dalle cose del mondo.*

Una persona che si prepara, si incammina verso la morte, e che lascia lo spazio, il posto ai giovani. L'argomento poi ricade sui genitori e sui figli. *Invece qua è l'opposto, quindi, non so tipo: da noi ad una certa età i genitori non gestiscono più la casa, se hanno dei beni li danno ai figli e li intestano, loro si tengono un angolino, loro vivono lì e il tutto lo gestiscono i figli. Invece qua è l'opposto, non so: i genitori che hanno lavorato una vita arrivano alla pensione e incominciano a viaggiare, ad andare di qua e di là, i ragazzi se hanno bisogno di qualcosa che lavorino e se lo procurino. [...] Però da noi è l'opposto: i genitori danno tutto ai figli e tante volte sopravvivono con quello che gli danno i figli.*

Come vivi il momento politico dell'Italia? E dell'Europa?

Hai relazioni con altre/i immigrate/i?

Come vivo il cambiamento politico? Beh, se vuoi con un po' di preoccupazione, nel senso che... Non dico a livello europeo perché ovviamente conosci magari di più la realtà del Paese dove vivi, però tipo qua in Italia vedere questo cambiamento, non so, magari anche dal punto di vista legislativo: la legge che c'è stata adesso in vigore e cioè la legge 40 messa a confronto con la legge che vuole proporre Bossi-Fini, non so. Carmen è turbata perché ha visto il testo di legge – quando ho effettuato l'intervista non era ancora stato approvato. – *La proposta che hanno fatto che non rispetta i diritti dell'uomo, i diritti della famiglia, i diritti che si davano per scontato a livello internazionale. Per farti un esempio: lui vuole legare il permesso di soggiorno ad un contratto di lavoro, allora se tu immigrato lavori hai il permesso di risiedere, e se tu perdi il lavoro o interrompi il contratto di lavoro tu devi rientrare. Allora tu prova a capire per una famiglia cosa vuol dire questo. Allora io padre che ho una moglie e due figli, se io padre perdo il lavoro, oppure se non mi piace più il lavoro che sto facendo e vorrei fare qualcosa d'altro, non posso.* Carmen si interroga sulle conseguenze di tutto questo per una famiglia e per i figli. *Quindi dovrei rientrare e ovviamente, dopo di me, dato che la moglie e i miei figli dipendono da me, dovrebbero rientrare anche loro. Immagina cosa vuol dire per un bambino prenderlo da un Paese, portarlo in un altro Paese, iscriverlo, avere il tempo per relazionarsi un attimo, e dopo, deve essere come una pallina a disposizione.* Amareggiata perché si divide la persona in persona produttiva e improduttiva. *Se uno è produttivo deve restare, invece se è improduttivo deve rientrare.* [...] *Secondo me non rispetta né la famiglia, né la persona, né il suo diritto ad avere una vita dignitosa, indipendentemente dalla salute.* [...] *Vedo molto un usa e getta, se mi vai bene e mi arricchisci ok.* Poi Carmen focalizza l'attenzione sulla questione della sanatoria per le colf e le badanti. *Siccome la società italiana ha tanti anziani, ovviamente gli anziani avrebbero bisogno di un'assistenza, di qualcuno e lo Stato non si è fatto carico di questo, tutto ricade sulla famiglia, e la famiglia, cosa vuoi, ognuno ha il suo lavoro e la sua attività, ecc., allora fanno questa sanatoria per le colf, quindi per le badanti che possono restare con gli anziani, i bambini. Però voglio dire se, tu Stato vuoi un lavoro in regola, allora dovresti estenderla anche ad altri lavoratori.* E più Carmen parla e più la sua − oserei definirla −

inquietudine aumenta, e molti interrogativi l'assalgono. *Per cui sinceramente mi preoccupa perché dico: "Caspita gente che scappa da una carestia, piuttosto che da un regime politico, dove andrà?" Se si usa questa mentalità della serie: "Entra chi produce e chi non produce ritorna", ma quale criterio si usa?* Accenna anche alla questione: impronte digitali e al malessere legato a ciò. *Cioè adesso vado lì e tra un po' mi fotosegnalano come tutti i delinquenti, perché di solito fino ad adesso si usava per i delinquenti. Impronte digitali e poi vieni anche fotosegnalato, adesso la Questura, per dirti, chiede il codice fiscale delle varie persone, in pratica schedano le persone, vogliono, delle persone, sapere tutto. L'idea ti spaventa ed è molto preoccupante. [...] Allo stesso tempo vedi tutti questi cambiamenti in negativo che dici che sembra che se la prendano con te perché sei straniero.*

Per quanto riguarda se ho relazioni con altre immigrate e immigrati ne incontro parecchie/i. Faccio parte di un gruppo di mediatori culturali, poi assieme ad alcune mediatrici abbiamo fondato l'associazione Terra dei Popoli, poi incontro, appunto, gente tutta straniera qua in ufficio, incontro straniere al consultorio, le straniere al comune, ho un lavoro che ha sempre a che fare con l'immigrazione. Sottolinea la positività di questi incontri che ha con le persone straniere. *Questo è per me positivo, nel senso che, tipo non so ho anche la possibilità di parlare in rumeno, quindi di conservare la lingua, di confrontarmi con le novità. Di fronte alle novità che loro ti portano, per esempio quelle del mio Paese io ho modo di capire i cambiamenti legislativi che ci sono stati nel mio Paese, e quindi resto in continuo contatto e ... recuperare tanti aspetti della tua cultura che vengono portati qua.*

<u>Ti faccio l'ultima domanda. Se tu potessi inventare una città in cui persone di diversa provenienza geografica vi si potessero stabilire come te la immagini?</u>

Come me la immagino? Dura questa domanda, [ride] dura perché non saprei come immaginarla, perché sai ognuno di noi è talmente diverso. Secondo me, non so, uno straniero che arriva qua in Italia, certo che non può pretendere che l'Italia diventi la realtà del suo Paese, cioè ogni Stato ha le sue leggi, le sue regole, ecc., una sua cultura, una sua religione. Tu arrivi qui, io non è che, per esempio dallo Stato Italiano, non è che voglio che la mentalità italiana venga cambiata in funzione di me no, perché io ho il dovere, siccome sono io la straniera che viene qui, cioè è come un'estranea che entra in casa tua, per cui se accetta le regole della tua casa, che non devono essere imposte, ma ci deve essere una mediazione tra quello che è un estraneo e quello che è nella realtà italiana, vive bene nella realtà. [...] E' ovvio che se uno viene da una realtà tanto diversa è molto più difficile, non so, un musulmano che viene dall'Africa è ovvio che la realtà italiana gli è molto più dura rispetto a quello che poteva essere per me. Carmen ribatte che tener conto anche dell'altro e pensare ad un confronto con l'altro diverso da te è cosa alquanto essenziale per un buon inserimento. *Però è ovvio nella realtà in cui vivi se tengono conto anche di te, delle tue difficoltà, allora si arriva ad un confronto, ad un'accettazione. Tu accetti quello che c'è nella realtà e lo interiorizzi no, se è una cosa imposta allora è molto più difficile perché si creano delle pareti, delle mura diciamo, tra quella che è la realtà qui e quello che uno porta con sé.* Carmen conclude che il dialogo e lo scambio hanno notevole importanza anche per poter effettivamente avvicinarsi ad una realtà alquanto diversa dalla tua.

Io, secondo me, sono stata molto fortunata perché ho trovato persone che abbiano voluto spiegarmi come sono le cose, e avere un senso di accoglienza, di accettazione no, però non so, anche il solo fatto di orientare una persona: per essere in regola tu cosa devi fare sul territorio italiano. Se tu lo dici ad uno straniero lui dice ok, io voglio essere a posto con tutti e faccio questo percorso, ma se uno non lo sa e si trova con una mazzata e gli viene detto: "Tu non hai rispettato questa legge perché non hai fatto questo", ma lui non lo sapeva, oppure altre cose di questo tipo, ed ecco che allora si creano questi attriti no, per cui uno magari dice: "Va beh vivo in nero, chiuso in clandestinità, oppure cerco di approfittare della realtà, cerco di usarla secondo i miei interessi", quindi si creano, così, quegli aspetti che non permettono l'integrazione.

La sua pausa lavorativa si è conclusa, ma anche l'intervista, giusto in tempo, e dopo aver sorseggiato un caffè ci si saluta.

Khadija

Khadija ha 34 anni, proviene dal Libano, è sposata. I suoi studi: in Libano ha frequentato 3 anni di scuola per stilisti e ha lavorato come stilista e come costumista in teatro. Poi si è iscritta all'Università e ha studiato regia e recitazione teatrale e cinematografica. Ha ottenuto anche un diploma di lingua inglese, ed è arrivata in Italia otto anni fa.

Con lei mi sono incontrata per l'intervista due volte; i due giorni non sono stati consecutivi, ma è trascorso un po' di tempo dalla prima alla seconda perché era incinta. Anche Khadija mi chiede espressamente di darci del tu, perché così le viene più facile parlare, anche se non ci conosciamo. All'inizio ha parlato in libertà, e ha voluto sapere alcune cose sul mio conto, poi ho acceso il registratore perché, altrimenti tante cose si sarebbero perse.

Ho conosciuto mio marito in Libano [rammenta Khadija] *era in ferie, abitava già in Italia perché faceva la pratica, e allora ho dovuto mollare tutto, anche gli studi, per l'amore. Ci siamo sposati e sono venuta qua in Italia, però lui mi ha promesso che c'è un posto vicino dove posso continuare ciò che facevo* [sta parlando degli studi]. *Però il posto vicino era Bologna, io pensavo a due passi da casa, come quando mi diceva: "Io abito vicino al mare", io pensavo che la sua casa era sul bordo del mare, invece il mare era Venezia, in questo senso. Sì perché tutto il Libano si può girare in macchina in ventiquattro ore. Il Libano è più piccolo del Veneto. Io abitavo nel centro del Libano e in una mezz'oretta potevo andare a sciare e in un'altra mezz'ora potevo andare al mare.* Khadija è rimasta delusa sia per la distanza notevole da Bologna – aveva immaginato tutto molto vicino – sia per la scarsa prossimità al mare. Comunque decide di iscriversi al DAMS di Bologna, ma anche qui l'attende l'amarezza. *A parte che però non mi piace, perché ci sono tante materie che non riguardano il teatro. Perché in Libano facevo cose teoriche e pratiche, mentre qui, ad esempio ci sono: psicologia, sociologia, sono cose che ti possono arricchire, ma non sono cose che riguardano direttamente il teatro.* Ma non si è lasciata avvilire, e ha continuato gli studi. *Il primo esame che ho fatto a Bologna comunque mi è andato bene, ed ho così continuato.*

<u>Ma hai detto che è stato un po' una delusione, in che senso?</u>

Sì ma all'inizio, anche adesso per frequentare, sai avendo un bambino, lavorando e avendo altri impegni, tutto diventa più faticoso, anche la distanza incide parecchio. Ora studio a casa e non frequento, poi vado a Bologna a fare gli esami.

Perché hai scelto di emigrare e di venire in Italia?

Io sono arrivata dal Libano e sono venuta a Verona. Mio marito viveva a Verona, io sono venuta proprio per seguirlo. Poi mi spiega che lei non si considera un'immigrata, già al telefono mi aveva accennato a questa sua 'percezione'. *Io non ho scelto di emigrare, io non mi considero un'immigrata, questa è una cosa molto importante perché... adesso sono qui da quasi otto anni. Quando ci siamo sposati pensavamo in due anni di tornare, perché mio marito voleva fare la pratica, finire la pratica e tornare: lui è medico, si è laureato qui e voleva, per l'appunto, finire la pratica e tornare al nostro Paese. Anche tuttora abbiamo intenzione di tornare. Però, visto che c'erano dei problemi in Libano, anche poi per lavorare qui ha avuto dei problemi perché, per un certo periodo, non c'era reciprocità tra Libano ed Italia, e quindi non poteva essere iscritto all'ordine in Italia pur essendosi laureato qui, ma comunque dipende dai Paesi di provenienza. Adesso, un anno e mezzo fa, è uscito il decreto: non avendo la cittadinanza, nell'ambito statale può fare la guardia medica e sostituzioni, nell'ambito privato almeno può fare tutto ciò che vuole.* Si sofferma sui progetti che a volte vengono modificati per cause esterne a se stessi. *Secondo me quando uno ha dei figli cambia un po' progetti per il futuro, perché io quando sono arrivata avevo tanta nostalgia e l'ho tuttora, però, per un attimo ci si mette a pensare: "Ma io ho vissuto la guerra, non vorrei far vivere ai miei figli quello che ho visto io, ciò che ho vissuto". Per quello uno, adesso poi sto per avere un altro bambino, quindi sì tornare, però forse tra qui e là, tra l'Italia e il Libano, nel senso che lasciare un piede qui e se per caso le cose in Libano si rovinano, c'è, non so un giorno scoppiano le guerre, allora la possibilità di ritornare qua.* Khadija nutre preoccupazione per la scuola di suo figlio nel senso che i programmi che si portano avanti qua in Italia sono diversi rispetto a quelli del Libano, soprattutto per quanto riguarda l'insegnamento delle lingue. *Qui c'è una chiusura totale per le lingue, nel frattempo sto cercando sempre di... Ad esempio: sono andata in Libano e mi sono fatta portare – perché da noi si va a scuola a tre anni – il programma scolastico dei bambini della sua età, quindi cerco di insegnargli qualcosa giocando. Con lui parlo sempre il libanese da quando è nato, quindi lui capisce il libanese e l'italiano, anzi anche un po' di inglese e di francese, perché con i cartoni animati cerco sempre di farglieli vedere in francese, in arabo, così come ho detto: "Giocando e divertendosi si impara". Quando è nato nostro figlio, io e mio marito ci siamo messi d'accordo: io parlavo libanese con mio figlio e mio marito parlava in italiano, già perché io ho l'accento dello straniero, invece mio marito parla perfettamente e quindi facevamo così. Poi una volta che l'ho mandato all'asilo nido basta, a casa si parla in libanese perché ho assicurato la fonte della lingua italiana all'asilo, quindi non serviva più.*

<u>Forse sotto certi aspetti a questa domanda mi hai già parzialmente risposto, però io te la pongo e se vuoi aggiungere qualcosa sei libera di farlo.</u>

<u>Cosa ha comportato per te il fatto di emigrare: nel luogo di partenza e nel luogo d'arrivo?</u>

Una volta mi hanno chiesto dell'esperienza che ho vissuto qui in Italia, io gli ho detto che considero gli anni passati in Italia una sospensione del tempo. Sì veramente, ho passato dei momenti brutti nel senso che… veramente ero come sospesa nel tempo, nello spazio. Dal tono della sua voce si percepisce molta tristezza ed amarezza per ciò che ha lasciato, per quanto faceva. *Io in Libano facevo un po' di tutto: studiavo, lavoravo, ma anche facevo del volontariato in carcere, in carcere delle donne e lì sono andata per due anni, fino a quando sono venuta qui. Quindi ero sempre viva, facevo le mie cose, arrivata qua in Italia, a parte che non avevo le conoscenze, ma non era quello perché io sono una persona socievole, non ho problemi di legarmi, non è che vengo da una cultura islamica oppure non so da dove e… Il Libano è molto aperto a tutte le culture.* Qui invece Khadija ha trovato una chiusura da parte della gente. *Il problema consisteva negli altri, nel senso che sono gli altri che erano chiusi, che non… Erano gli altri che facevano fatica ad adattarsi alle nuove persone – sto parlando della mia esperienza a Verona – perché forse la mentalità cambia da un posto all'altro, a parte che mi dicono che i veronesi sono un po' chiusi, comunque io non lo so perché ho vissuto soltanto a*

Verona. [...] Dal punto di vista sociale non avevo tanti rapporti con la gente, questo un po' mi faceva star male. [...] Non lavoravo, non avevo il permesso di lavoro perché avendo il permesso di studio non potevo lavorare. Il mio lavoro l'ho avuto due anni fa in Tribunale. Con la mente e con il cuore pare proprio ripercorrere il tempo a ritroso e così narra. *All'inizio soffrivo un po' dei rapporti, della vita socievole che mi mancava, e questo mi buttava un po' giù di morale. Mi sono sentita un po' sola sì, e c'erano delle cose che mi ferivano, anche perché non capivo certe abitudini dei veronesi — non voglio generalizzare perché le cose cambiano. — Ad esempio: quando invitavo qualcuno a casa mia, poi non ero ricambiata e, cioè mi sentivo ferita.* Ma a lungo andare l'Università e il lavoro sono riusciti a renderla una persona più soddisfatta di sé. *L'Università e il Tribunale dove lavoro come interprete mi hanno resa, non dico gioia, però mi hanno resa un po' più soddisfatta di me stessa. Almeno sentivo che qualcosa stavo facendo, anche se non avevo il permesso di lavoro, poi ho approfittato di una sanatoria per avere il permesso di lavoro, perché per avere il permesso di lavoro, io come straniera potevo ottenerlo dopo la laurea, poi ho continuato all'Università.*

Cosa hai portato nella tua valigia?

Tu mi hai detto cosa ho portato nella valigia, io non posso dire cosa ho portato nella valigia perché la valigia ce l'ho sia qui nella mia testa, sia nel mio cuore, sia nel mio sangue, nel senso che tutto ciò che ho ce l'ho, non è che ho scelto di portare quello, cioè... Io dico che, per quello che dico che è una sospensione nel tempo in Italia perché non posso dire che ho avuto, che la mia persona si sia arricchita tanto, di tante esperienze. Tutto ciò che costituisce il mio essere si è formato in Libano, è quello che penso io, si è formato prima di venire, certe cose sì: l'esperienza del matrimonio, della gravidanza, del bimbo, ma queste esperienze potevo averle anche altrove. Tutto quello che sono io si è formato prima di venire, con la differenza che qui ho molta nostalgia. E per un attimo pare estraniarsi dalla situazione. E pensare a ciò che fu..

Sul discorso della nostalgia: potresti nominarla, dare degli aggettivi, dei nomi su che cos'è questa nostalgia, come si manifesta, se riesci a descrivermela?

Appena arrivata non è che avevo dei problemi, non è che andavo in un posto molto, molto diverso da dove ero io prima. Io non avevo problemi, anche perché fisicamente la gente è come la nostra gente. [...] *Certo la nostalgia dei miei all'inizio c'era sempre, per il mio Paese, per la mia cultura e tutto quanto, e dopo aver riscontrato un atteggiamento molto chiuso da parte degli altri, le cose per me si sono complicate.* [...] *Quindi questo fatto accresceva la mia nostalgia, perché quando uno è contento in un posto non è che certe cose se le dimentica, ma non è che diventa ossessionato su certe cose che ha lasciato.* Mi svela con molto ardore e coinvolgimento che da qualche mese ha iniziato a scrivere alcune cose sul suo Paese: il Libano. *Ho scritto alcune cose sul Libano, in quelle righe che ho fatto, ad esempio parlo più che altro dei sogni spezzati, i sogni fatti in comune e poi si sono spezzati, soprattutto per ciò che riguarda…Le cose che vengono distrutte sono i sogni, sono i disegni che uno ha fatto per il futuro, disegni in comune, poi un giorno ti trovi staccata, come un ramo dell'albero spezzato e ritrovi tante cose cambiate e a volte non riesci a capire il perché.* Khadija mi ripete, forse perché non mi dimentichi di questo particolare, che questi scritti li ha incisi sulla carta pochi mesi fa. *Quando sono arrivata, te l'ho detto avevo meno nostalgia... nel senso che a mia madre, mio padre...* Questi scritti pare che l'aiutino a far uscire quella parte di lei più profonda, meno visibile agli occhi altrui, che attinge dalla sorgente limpida anche dei proprio ricordi. *Quando incomincio a scrivere* [dice Khadija] *svelo una parte di me stessa, proprio cose tratte dal fondo, una comincia a trattare delle cose, a scrivere sulle carte cose che vengono proprio dal profondo del cuore, lì veramente in quelle righe che ho scritto uno potrebbe veramente capire cosa vuol dire la nostalgia... Non solo nostalgia, tanta delusione, tanta amarezza perché mi piace il Libano però non lo voglio così, lo voglio diversamente, non voglio le guerre non voglio gli odii, non voglio tutte queste cose che stanno succedendo. Quindi una doppia amarezza, prima per la lontananza per non abitarci, secondo perché si sta rovinando, perché forse un giorno potrebbe sparire.*

<u>Come è che vivi tu e percepisci la città e i suoi abitanti?</u>

Qui a Verona uno potrebbe avere tantissimi conoscenti, ma non amici, cioè uno potrebbe conoscere tante persone veramente, ma non vanno oltre, di rado diventano amicizie. Ho più amicizie con quelli del Sud e con gli stranieri.

<u>E la città invece nelle sue strutture, nelle sue sovrastrutture,</u>
<u>come la percepisci questa città?</u>

Ad esempio dove abitavo prima [zona Veronetta] *non mi piaceva per niente perché, come ho detto, siccome è una zona un po' vecchia: sempre rumori, lavori di ristrutturazione, ma forse non è un modo per qualificare la città, forse sì, non lo so... Poi, ad esempio ti spiego, non la città soltanto, adesso quando abbiamo traslocato abbiamo chiesto alla Telecom di bloccare l'altro telefono, per tanto tempo ci hanno lasciato l'altro attivato e quello bloccato, però per loro risultava questo attivato e l'altro bloccato. Ho dovuto chiamare diverse volte, poi ho chiamato di nuovo e ho detto guardi che: "Se mi arriva la bolletta, io abito in un'altra casa, guardi che non sono responsabile e non la pago!" Si pagano tante tasse, quindi dovremmo avere migliori servizi.* Per quanto riguarda la città dice che è una bella città, però lei desidera altro, vorrebbe invece conoscere e stare con gente calorosa e simpatica. *Va beh vivo a Verona: che bella città, come son contenta no, a me interessa più il modo di vivere, la società, più che la bellezza della città.* Non tralascia di parlare dell'arte e della delusione che ha avuto in merito a ciò quando è giunta in Italia. *Ad esempio io sono stata molto delusa perché quando sono venuta in Italia pensavo di... ero molto entusiasta e contenta perché pensavo di venire nel Paese dell'arte. Poi ho visto che l'arte c'è però quello che è stato fatto non è niente di nuovo. Ad esempio vai in Arena, io mi stufo perché ci sono tutte cose classiche. Da noi puoi trovare Shakespeare, o Pirandello, ma puoi vedere tanti spettacoli che sono proprio il frutto della vita quotidiana, della società, che sono nati proprio dalla problematica della società.* Poi ricorda la cosa che le ha fatto immenso piacere. *Una cosa che mi piace [...] è il fatto che trovo nelle librerie i libri di Gibran, che è un autore libanese cristiano maronita quindi…*In merito alla città non omette di rilevare la poca 'praticità' dei marciapiedi, in quanto utilizzati spesso per parcheggiare le auto o rilasciare l'immondizia.

Come descriveresti tu le donne che incontri per strada? Ad esempio le donne italiane...

C'è una cosa che mi è rimasta in mente da quando sono arrivata qui: la moda. Perché in Libano quando si parlava dell'Italia si parlava della moda. Mentre qui vedo che la gente proprio di moda non si interessa. Ad esempio da noi – sto parlando generalmente, o piuttosto anche della mia zona – tendenzialmente la donna tende a vestirsi bene, ad essere elegante, si presenta sempre bene. Qui vedo che anche per matrimoni possono andare, non so, non è che si interessano di vestiti, che la moda è quella che viene fatta sulla passerella. Veramente vedendo le donne per strada, non si interessano molto del loro aspetto, non tutte ho detto, però la maggior parte di loro. Io parlo comunque della gente che intravedo nel quotidiano, nelle mie vicinanze. Le donne sono piuttosto sportive, vestono sportivo, non hanno tendenza a vestirsi in modo elegante. Io mi sento a disagio se mi vesto troppo elegante, mi sento fuori posto. A me interessano i vestiti, facevo la costumista, mi piacciono molto i colori. Ora Khadija si intrattiene sul discorso della relazione fra donne, parlando della propria esperienza. *A parte l'esteriorità della donna italiana e veronese, non ho potuto conoscere molto perché, ti ho detto che c'è una certa chiusura, non è che puoi entrare tanto nella loro mentalità, nel loro modo di pensare e di essere. Non riesci a capire se veramente ti salutano perché ti apprezzano oppure è un modo di fare. A parte che io, di solito, non è che tendo molto ad avere dei rapporti con le donne perché le donne, a me piace molto la sincerità, sia le donne italiane che quelle di tutto il resto del mondo, si trovano ad essere un po' non dico ipocrite, però con doppio pensiero. Perché la gelosia nella donna verso altre donne c'è sempre, l'amicizia la puoi avere di più con un uomo, fino ad un certo punto però perché potrebbe sfociare nell'amore. [...] Le donne sono uguali dappertutto, e tendono ad essere uguali in tutte le parti del mondo, non so io forse parlo per le cose che ho vissuto io. Te l'ho detto: "Anche la donna sotto il velo è uguale" [ride]. Veramente la donna italiana rispetto alla donna libanese non ha niente di diverso, come mentalità...*

Secondo te che spazio occupano le donne? Mi riferisco in questo caso alla donna in generale.

Dappertutto anche in Libano adesso i tempi son cambiati, nel senso che il ritmo della vita è un po' veloce qui, ma anche in Libano. Adesso le donne lavorano fuori casa, dentro casa, quindi il ritmo della vita si è accelerato un po' dappertutto. Però in Libano sembra che tutto scorra meno in fretta. Anche se adesso tutte le donne lavorano fuori casa così, c'è più, molto più lento forse, non lo so, gli italiani tutto di fretta, tutto più meccanico. E una cosa molto importante per me è il mangiare. Tutte le domeniche a casa mia ci si incontrava e si stava lì, si mangia e si chiacchiera, il tutto con un fondo musicale.

Dato che, come ho accennato all'inizio della presentazione dell'intervista, era trascorso un po' di tempo fra i due incontri, nel secondo momento ho ritenuto ripartire con la domanda cardine e cioè: <u>Perché sei emigrata e perché in Italia?</u>

Forse nel futuro mi piacerebbe rimanere, ma non ho lasciato il Libano per rimanere in Italia. Io sono qui perché prima mio marito studiava e poi adesso si sta facendo strada, però vogliamo stabilirci giù, poi dipende anche dalla situazione in Libano. Prima ritorniamo meglio è, anche per la scuola dei bimbi, [è nato il secondo figlio] *perché preferisco inserirli nella scuola in Libano, perché più tardano qui e più è difficile l'inserimento.*

<u>Come ti sei sentita appena giunta in Italia?</u>

Ciò che ho sentito all'inizio potrebbe anche essere legato alla mia esperienza di matrimonio, mi sono sposata in Libano e una settimana dopo sono arrivata in Italia, quindi era tutto nuovo per me anche rispetto alla novità che stavo vivendo. Arrivata avevo poche persone che conoscevo anche perché mio marito studiava e lavorava dunque aveva poco tempo per coltivare le amicizie. Ribadisce il concetto che già in precedenza aveva espresso, e cioè il fattore chiusura che lei ha percepito negli altri.

Per me non è stato un problema, il problema forse ce l'hanno gli italiani quando ci sono dei pregiudizi, ad esempio: "Questa persona proviene dal Libano", già prima di sapere di che religione sei hanno già dei pregiudizi, questo non vale solo per me, ma vale anche per gli altri. Poi adesso abbiamo più amici di prima, anche perché adesso io ho fatto le mie conoscenze al di fuori di quelle di mio marito. Più passa il tempo qui e più conoscenze ho. Ma la nostalgia, rivela Khadija, non accenna a diminuire anche se il tempo trascorre inesorabilmente. *Poi ci sono delle nostalgie, se a volte non sto bene non è perché in Italia non mi trovo bene, ma anche perché tutti i miei affetti li ho lasciati giù.*

<u>Cosa ne pensi del momento politico dell'Italia e dell'Europa?</u>

Non mi interessa la politica, né quella libanese né quella italiana, basta che ci sia la pace. Difatti evito i telegiornali proprio perché mi fanno venire il mal di testa.

<u>Hai relazioni con altre/altri immigrate/i? Sono solitamente persone della tua stessa comunità di provenienza oppure…? Fai parte di alcune associazioni?</u>

I libanesi sono pochi in Italia, sono pochissimi, a Roma ce ne sono un po' di più. Non faccio parte di alcune associazioni, abbiamo fatto questo corso di mediazione e a prescindere da questo niente. Poi ho capito che, io

sono molto aperta, ma sul campo di lavoro vedo che con gli stranieri è un po'
difficile fare amicizia, anche perché c'è concorrenza...

Sì, concorrenza?

Eh certo perché i tipi di lavoro che abbiamo, ad esempio io lavoro in
Tribunale spesso come interprete, faccio arabo, inglese, francese, c'è sempre
concorrenza. Ma anche con la mediazione, per me il rapporto umano vale
molto di più dei soldi, però ho capito che si rimane fregati, proprio per avere
la precedenza, io mi ritiro proprio perché non mi piace entrare in concorrenza
con qualcuno. [...] All'inizio quando li ho conosciuti ero contenta perché
erano persone che più o meno avevano delle esperienze simili a me, perché
avevano lasciato i loro affetti. Poi gli stessi posti di lavoro ci venivano offerti o
come interprete o come mediazione, e io parlando tre lingue: arabo, francese,
inglese, venivo spesso chiamata. Ma non solo nei miei confronti, ho visto che
anche fra di loro, come mediazione, come loro cercano di... forse è un istinto
per sopravvivere, però con me non è così. Per lei questo modo di
atteggiarsi non è tipico solamente degli stranieri, ma il suo lavoro,
per il momento, è solo con colleghi stranieri. *Ma questo non vale*
solo per gli stranieri, solo che con gli italiani non ho avuto la possibilità di
sperimentare questo. Forse di più tra gli stranieri perché hanno più bisogno
di avere un lavoro o di avere un qualcosa e si aggrappano in tutte le maniere,
forse è anche legata alla personalità, al carattere in specifico. Penso che ci sia
poca solidarietà.

<u>Secondo te cosa manca qui da noi per le persone che giungono da altri luoghi?</u>

Cosa mi manca? Mi manca il mio Paese... Khadija rimarca il suo grande desiderio, il desiderio del suo Paese. *Avrei voluto portarlo qui con me in Italia. E' difficile dire cosa manca per le persone straniere, perché ognuno ha le proprie esigenze, non lo so. Per me niente, non c'è niente che è mancato, a parte i luoghi, non è proprio un'esigenza, ma è una cosa in più. Ad esempio mi piacerebbe molto passare le serate danzando a modo nostro, ad esempio da noi si comincia con il ballo tipo occidentale, poi con un po' di greco, dopo con il ballo che voi chiamate danza del ventre. Io sono sempre stata contro questa definizione, noi la chiamiamo danza espressiva orientale.* Khadija ripete instancabilmente che alcune cose se ci fossero, magari le allevierebbero la nostalgia. *Non sono delle cose che debbono esserci a Verona, sono delle cose alle quali abbiamo nostalgia, non è che occorrono a degli stranieri.* [...] *Non si può chiedere troppo, l'importante è avere le cose di base, poi... Avere dei diritti sì uguali agli altri, nel senso che come dicono adesso che bisogna stringere il limite dei clandestini, anch'io sono d'accordo con questa legge.* Mi fa partecipe delle sue paure, paure legate soprattutto alla crescita dei propri figli. Lei fa l'interprete in Tribunale, lì ha avuto l'opportunità di venire a contatto con la criminalità straniera. *Lavorando in Tribunale vedo un po' di tutto, anzi se voglio lasciare l'Italia è proprio per queste cose che vedo in Tribunale.* [...] *Dove abitavo prima c'era d'aver paura, tutti gli indirizzi, non so di quelli imputati vivevano lì nella zona di Porta Vescovo, nella zona di Veronetta. Da noi i bambini si possono più controllare nelle scuole perché quasi tutti mandiamo i nostri figli nelle scuole private.* Desidera che i propri figli non soffrano quanto ha sofferto lei per la distanza dalla propria Terra. *La mia paura è che più passerà il tempo qui* [parla di suo figlio] *e più sarà difficile tornare, perché non vorrei far vivere a mio figlio le cose che ho vissuto venendo in Italia, nel senso che il ritorno in Libano forse potrebbe rappresentare per lui ciò che ha rappresentato per me venire in Italia. L'Italia sarà tanto per lui, non vorrei che lui andando via avesse nostalgia dell'Italia, perché più passa il tempo e più sarebbe difficile. Quindi vorrei avere io e lui la stessa cultura, lo stesso Paese per avere le stesse nostalgie. Non vorrei che in un futuro, io avendo nostalgia del Libano tornerei in Libano, e lui avendo nostalgia dell'Italia vivesse in Italia, quindi di nuovo avrei vissuto un pezzo della mia vita senza genitori e senza figli. Capito! Per me sarebbe il colmo, senza i miei genitori perché già mia mamma è morta, mio padre è vecchio, non vorrei perdere di qua e perdere di là. O deciderò di rimanere qui per stare con i miei figli, anche se sempre parlo del Libano a mio figlio.* [...] *Gli parlo delle nostre leggende, delle nostre tradizioni, gli preparo un particolare cibo.* Khadija cerca in ogni modo di mantenere vive le proprie tradizioni, e le trasmette anche ai suoi figli. *Non mi piace per niente cancellare la mia lingua, la mia cultura, la mia identità di fronte ai figli, anzi, mi faccio sentire sempre orgogliosa delle nostre tradizioni, della nostra cultura, del mio Paese.*

A questo punto il bimbo da poco nato cerca la sua attenzione, quindi ci salutiamo.

Kashmira

Kashmira ha 58 anni, sposata da 26 anni con un italiano, proviene dall'India, dal Sud dell'India, dal *Kerala*. Ha frequentato le scuole secondarie superiori nel suo Paese, e poi in Italia e in Inghilterra ha frequentato la scuola per infermieri. Abita a Negrar.

Kashmira mi ha apertamente comunicato la sua preoccupazione inerente al fatto che questa è la sua prima intervista. *Quindi non so se sarò capace di rispondere in maniera corretta.* La rassicuro che è libera di parlare e di raccontare ciò che più desidera, le mie domande sono soprattutto un promemoria per me. Poi le spiego dettagliatamente – così è quanto ho effettuato anche con le altre donne – il perché della mia intervista, e altri particolari. A poco a poco Kashmira sembra rilassarsi e prendere 'confidenza' anche con il registratore.

Ho frequentato la Scuola per Infermieri: due anni li ho fatti qua, il terzo anno l'ho fatto in Inghilterra.

<u>Quando è arrivata in Italia?</u>

Sono arrivata in Italia nel 1962.

<u>E' arrivata subito nel luogo dove risiede attualmente?</u>

No no, ho cambiato, girato, sì sì sono arrivata nel '62 nel Piemonte, e sono stata lì per imparare un po' l'italiano così, dopo ho fatto la scuola, scuola con vitto e alloggio dal '68 al '70, dopo ho lavorato un paio di anni in una clinica, poi sono andata a Londra a finire gli studi. Dopo ho conosciuto mio marito a Dublino ed è per quello che sono ritornata qua [suo marito è italiano]. Quando sono andata a Londra avevo intenzioni di ritornare in India, e invece ho conosciuto mio marito e sono tornata in Italia, però a Verona, qua a Negrar.

<u>Perché ha scelto di emigrare, e di immigrare proprio in Italia?</u>

Oddio... perché io sono venuta, praticamente con un'altra mia amica, avevamo una borsa di studio dalla diocesi nostra per venire a studiare qua in Italia, sai tra diocesi e vescovi qui in Italia era il luogo preferito, per questo sono venuta in Italia.

<u>Ma perché ha scelto di venire via dal suo Paese?</u>

Beh in India, allora in quel periodo lì si poteva anche studiare in India come infermieri, però... c'era questa possibilità e, sai avventure... a diciotto

anni si vogliono vedere cose nuove. Eravamo state mandate qua per studiare,
con il vitto e l'alloggio.

Cosa ha comportato poi questa scelta: nel luogo di partenza e
nel luogo d'arrivo?

Il distacco dai familiari è chiaro. Allora non te ne rendevi conto perché
partivi forse come un'avventura, e non te ne rendevi neanche conto, però dopo
sì qua. Comunque tutto sommato io, anzi noi, ci siamo trovate molto bene in
Italia perché eravamo le prime, nel senso che allora gli immigrati non c'erano
e due ragazze giovani, nel senso che comunque eravamo trattate bene. [...]
Eravamo in un ambiente, in Piemonte, io voglio bene ai piemontesi perché
sono molto cordiali.

Voi siete arrivate in Piemonte e invece poi è venuta ad abitare
dove risiede tuttora, e come si è sentita?

Invece son venuta qua e non mi sono mica trovata molto ben inserita
subito, perché ho avuto veramente... Probabilmente anche Londra ha
influito sul sentirsi poco inserita qui. *Sono tornata da Londra, forse*
anche quello, sono stata tre anni e mezzo a Londra, e venire qua a Negrar
era ben diversa la faccenda, nel senso che qua, anche se sei, eri... una
straniera. Non so, non sono riuscita, non so come spiegarmi, non sono
riuscita a inserirmi, nonostante che il lavoro mi piaceva, lavoravo e lavoro
tuttora in ospedale, ed anche forse il paese stesso che era un po' chiuso.
Accenna alla poca disponibilità da lei avvertita nei suoi confronti.
Niente di particolare, però non c'era questa disponibilità da parte della gente

di accettarti, ecco forse. Sono stata anche tre mesi a Milano, ho amici un po'
dappertutto, mi sono sempre trovata bene, e dopo mio marito è perugino e
anche lì, la gente è veramente stupenda, è diversa. E qua mi son trovata
veramente un po'... ognuno faceva le sue cose. Kashmira non tralascia di
dire che anche suo marito proviene da un'altra regione d'Italia:
l'Umbria. *E io e mio marito eravamo stranieri tutti e due.* Rammenta
anche di quanto la gente, all'inizio, le diceva: *"Ma io non parlo mica*
italiano per te se vuoi", e allora io dicevo: *"Io non parlerò mai la tua lingua"*
— che è il dialetto veronese — "però mi dai tre mesi e io ti capirò, però non
parlerò mai il dialetto". Dove abitava i vicini erano piuttosto freddi,
ma suo marito le consigliava maggiore apertura verso l'altro. *Mio*
marito mi diceva: "Ma sei tu, vai là e cerca di allacciare", ma io sentivo che
loro non mi accettavano, nel senso che ognuno aveva la propria vita e tu eri
diversa.

Che anni erano questi?

Anni '76. Sì va beh comunque avevo delle amiche, avevo un'amica, che
ho tuttora, e che è romana. Probabilmente tutta la gente che viene da fuori
riesce a capire e allora si riesce più... No, non è che siano cattivi, solo che
ognuno faceva gli affari suoi, non c'era questa disponibilità verso gli stranieri
che venivano qua. [...] Forse adesso è diverso perché ci sono molti più
stranieri, allora ero l'unica, infatti quando sono venuti i miei cognati per il
nostro matrimonio e hanno chiesto dove ero, allora sapevano subito dove
abitavo perché ero l'unica moretta. Kashmira menziona anche il rifiuto
che lei nutriva per la lingua dialettale del luogo. *Forse in queste*

prime cose, anche quando andavano all'asilo i bambini e che tornavano a casa e mi dicevano una parola in dialetto, io diventavo isterica perché non volevo che i figli, assolutamente, parlassero il dialetto, hai capito. C'era un rifiuto da parte mia e se li sentivo dire qualcosa diventavo isterica, adesso qualche parola scappa a me, e allora mio figlio mi dice: "Cosa stai dicendo?"

Ma che lingua parlate voi in casa?

All'inizio volevamo parlare in inglese, solo che sai, quando arrivi alla sera e hai tutta la giornata dietro, e mettersi lì a... mio marito pian piano si è dimenticato un po', poi sai un conto è se fosse la madre lingua di tutti e due viene più facile. Poi con la bambina all'inizio ho cercato di parlare in inglese, però lei diventava un po' nervosa, perché non parlando tutti e due la stessa lingua magari, oppure anche se fosse stata la mia madre lingua, sai anche per me non è la mia madre lingua. La mia madre lingua è piuttosto difficile e Anagha non la sa, io non l'ho mai parlata.

Cosa ha portato con sé nella sua valigia dal suo luogo d'origine?

[Sorride] *Allora. Non so, quando sono andata via poche cose, forse ricordi che mi ricordassero i miei genitori, i miei cari e il mio Paese anche. Adesso che non ci sono più i miei genitori vado lo stesso, adesso cerco di scappare ogni volta che posso, nel senso che sento il bisogno proprio di ritornare.* Kashmira si sofferma sull'importanza per lei del ritorno al proprio Paese. *Ritornare, le dico che è una sensazione, ma questo pensavo fosse solo per me, nel senso che sono un'indiana, e quando arrivo in*

India sento la mia Terra, forse è un fascino che ha l'India, perché anche stranieri ed italiani che sono stati in India mi hanno descritto la stessa sensazione, per cui non lo so. Cerca di descrivermi la sensazione che lei prova anche se – come dice lei – è cosa alquanto difficile da comunicare. *Quando torni, arrivi nel cielo, quando specialmente tocchi la Terra... E' difficile da spiegare: quando arrivi su al Nord, a Bombay in un centro cosmopolitano diciamo così, lì c'è proprio l'India nel suo insieme, tutta la gente, la musica tutto. Mentre, ultimamente arrivo direttamente nel Sud da qui ed è già diverso, è la mia Terra proprio, è più particolare, è più definita, invece Bombay abbraccia tutta la popolazione dell'India, quindi tutti i colori, tutta la gente: poveri, ricchi, palazzi, profumi, spezie, profumi sgradevoli, tutto insieme no.* Lei si sente invasa da qualcosa di magico. *Questo lo sento quando arrivo là e che non sento già quando arrivo giù, questo proprio sarà una cosa magica perché l'ho sentita anche dagli italiani stessi, forse non appartiene solo a me.*

Quando arriva là cosa sente?

Mi sento a casa, mi sento un po' immersa, niente, dimentico completamente tutto quello che è qua, se lascio qua i miei figli no, però veramente, dimentico tutto completamente. La musica, i fiori, i colori, è diverso, arrivi là senti questo caldo soffocante, però piano ti immergi dentro.

Come ci si sente, quale è stata la sua prima impressione quando è arrivata in Piemonte e quando è arrivata qua?

Beh arrivare in una Terra nuova, dove c'è gente nuova, devi imparare tutto perché non capisci, allora non capivo l'italiano, comunque l'Italia è bella, la gente è comunque molto accogliente, non è stato male all'inizio là. Qua adesso sono inserita bene, dopo tanti anni anche perché quando i figli vanno a scuola pian piano cominci a conoscere persone, ti inserisci. E poi sul lavoro, dopo tanti anni è diverso, si sta bene, c'è un bel gruppo. Rievoca anche l'esperienza dell'Umbria, del ritorno di suo marito e di tutta la famiglia là. *E' che abbiamo cercato anche di tornare in Umbria, perché forse anche da parte nostra chiaramente c'è, come penso anche da parte di tanti immigrati, probabilmente non siamo stati neanche noi disponibili ad inserirci proprio. Perché, come le dico, c'era quel fatto in me, c'era sto rifiuto in me, ma penso anche da parte sua* [parla del marito] *perché è come una calamità, cioè in Umbria ci si va due o tre volte all'anno, appena si può si va giù perché per lui è ancora più forte sto discorso qua, è perché sono io che freno altrimenti ogni due o tre mesi saremmo in Umbria.* Kashmira riafferma che probabilmente anche da parte loro non c'è stata disponibilità ad inserirsi: *Sì forse da parte nostra non c'è stata questa possibilità di inserirsi neanche. Quindi per un periodo andiamo, stiamo e abbiamo preso la decisione di andare.* La scelta di trasferirsi in Umbria ha però trovato alcuni ostacoli, tali per cui hanno deciso di ritornare dove risiedono tuttora. *E siamo andati per un anno, però i figli a quel punto erano già grandi, e la figlia maggiore non voleva assolutamente inserirsi lì e sono incominciati dei problemi. Allora, mentre io ero ancora in aspettativa e tutto quanto, abbiamo, anche per problemi di lavoro, io ce l'avevo il lavoro di ruolo, mentre lui non ce l'aveva ancora un lavoro sicuro, adeguato, allora abbiamo preso la decisione di tornare su perché io avevo il lavoro qua.* Ma entrambi non hanno scartato l'idea che un domani potrebbero decidere nuovamente di soggiornare là per alcuni periodi durante l'anno. *Adesso invece siamo qua, chiaramente sì, un domani quando saremo in pensione andremo in Umbria o da qualche parte, non si sa ancora. Comunque non andremo via definitivamente, perché i figli rimarranno qua, loro hanno tutto qua: amicizie...*

E nel momento che avete deciso di rimanere, cosa è cambiato?

Comunque sul lavoro, a parte il primo... qualche sciocchezza, così, qualche persona che non era forse proprio... mi sono trovata sempre bene, ho lavorato a Londra tre o quattro anni, sempre ci siamo trovati molto bene, e qua lo stesso, mai avuto problemi.

Secondo lei ci sono, o ha percepito, differenze 'di trattamento' fra donne immigrate e uomini immigrati?

Io non saprei perché non ho incontrato altre realtà di uomini immigrati che lavorano. All'inizio del mio lavoro qua in ospedale ero una degli infermieri primi professionali, ero apprezzata e tuttora, ormai sono la più anziana, quindi anche gratificata.

Quali sono stati i vantaggi e gli svantaggi che lei ha 'maturato' da questo tipo di esperienza?

Svantaggi? Oddio io ho tanti nipoti, sono la zia di tanti nipoti, però per scelta non ho mai incoraggiato nessuno a lasciare il proprio posto.

E perché?

Perché... se stanno abbastanza bene, probabilmente perché i miei bene o male stanno abbastanza bene, lasciare il proprio Paese è comunque una sofferenza. Quando hai bisogno, io ho avuto due figli, allevato due figli da sola, e avevo bisogno di comunicare con i miei. Adesso è facile perché ci sono i telefoni. Rimarca il desiderio immenso che aveva di parlare con qualcuno che era molto distante, che era rimasto là nella propria Terra. *Allora non c'erano nemmeno gli amici indiani, è stata dura. Ti senti lontano da tutti, non ho mai incoraggiato nessuno. Adesso è venuta mia nipote perché ha voluto lei, e l'ho aiutata a venire, lei è infermiera.* Ribadisce nuovamente quali sono stati per lei gli svantaggi. *Svantaggi: lasciare i tuoi cari, la tua Terra, la tua cultura, adattarsi ad una cultura diversa, ad un modo di vivere diverso, molto più frenetico, noi siamo fondamentalmente molto più tranquilli, molto più calmi, più... cioè quello che non faccio adesso lo faccio domani, invece qua bisogna che tu sia, tutto...* Non tralascia di riferire della poca flessibilità di suo marito, e del fatto che ciò è stato per lei fonte di malessere. *E lo stesso mio marito, a mezzogiorno bisogna pranzare, bisogna rientrare entro un tot di ore, noi invece la prendiamo con molta più calma. Io questo l'ho vissuto molto male. [...] A volte ho fatto un po' di violenza a me stessa, dopo anche con l'educazione dei figli lo stesso, diciamo: noi lasciamo fare ai figli. Penso comunque che ci sia un po' di diversità, problema di cultura sì, comunque ho fatto un po' fatica, comunque adesso va bene, mi sono fatta un po' le spalle.*

<u>Pensa di far ritorno nel suo Paese?</u>

Sì sì abbiamo in mente di ritornare a stabilirci, [sta parlando dell'India] *adesso bisogna vedere se ne vale la pena, cioè comprare qualcosa lì e poi andare avanti ed indietro perché qui ci sono i figli, ora stiamo valutando se rimanere là due o tre mesi all'anno.* Con il tempo, conferma Kashmira si acuisce il desiderio di ritornare nel proprio Paese. *E' sempre più forte, come dicevo prima, perché se tu vai più spesso il legame rimane più forte, all'inizio vai meno perché c'erano i bambini piccoli oppure per problemi finanziari perché avevamo comperato la casa, adesso incomincio ad andare un po' più spesso e i legami si sentono un po' di più.* Kashmira mi spiega che il suo arrivo nel suo luogo natale è sempre vissuto con molta gioia, il tutto è incorniciato da una grande festa. *Quando sanno che io arrivo, tante volte faccio la sorpresa per non preoccuparli, loro vengono all'aeroporto e spesso sono una ventina di persone che vengono a prenderti, e poi il giorno che devi partire tutti si riuniscono ancora la sera prima e la mattina vengono tutti, è una festa praticamente. Partire poi è difficile no, così è da noi.*

<u>Ha nostalgia dei suoi luoghi natii?</u>

Nostalgia sì. Adesso, come ho già detto, vado di più rispetto a prima, quindi... Poi adesso ho la famiglia qua, quando invece i bambini erano piccoli e non potevo andare allora mi sentivo più giù.

E in quei momenti cosa faceva?

Niente, ascoltavo la musica, e la mettevo ad alto volume, oppure, una volta ogni tanto cucinavo i miei piatti tipici, anche per gli amici, poi accendevo anche l'incenso.

A questa domanda in parte mi ha già risposto, però se vuole aggiungere qualcosa. Come è stato il suo inserimento in questo paese?

Un po' difficoltoso comunque. Forse la gente non era, ma anche per colpa nostra come dicevo prima. Mi ricordo che all'inizio, sono andata una volta in città a Verona con il sari, e qualcuno ha detto: "Ma è già carnevale", allora mio marito non voleva che mettessi il mio vestito, il mio abito perché diceva che la gente non era pronta per questo, parlo degli anni '76-'77. C'era abbastanza ignoranza, io ero abituata a Londra e lì è diverso. [Adesso invece] quando ci sono cerimonie particolari cerco di mettere il mio abito e mi trovo bene nei miei abiti, mi sento proprio me stessa.

Come vive e percepisce gli abitanti del paese e le donne che incontra per strada e che cosa ne pensa delle donne italiane e straniere?

Con gli abitanti del posto adesso mi sono integrata bene, sì penso che mi considerano come una di loro adesso, non più una straniera, anche lui [suo marito] *è oramai inserito qua, poi lavoro anche in ospedale, mi conoscono spesso per la mamma della Anagha.* Esprime un parere negativo circa l'abbigliamento su una ragazza indiana che spesso incontra.

Rispetto alla ragazza indiana di cui parlavo prima che si veste con la minigonna, mi dà un po' fastidio perché noi abbiamo una cultura che è tutta diversa da quella dell'occidente. Mi sono sentita quasi un po' offesa. Il medico che lavora con me spesso mi dice: "Signora ma di indiano non le è rimasto più niente", cercando di farmi arrabbiare. Lui dice così, ma secondo me no, io sono fiera di essere indiana e mi sento sempre più indiana.

Scusi, cosa intende per: "Mi sento sempre più indiana?"

Mi sento veramente orgogliosa di essere indiana, unico problema mio è che mi hanno tolto il mio passaporto, ho preso la Cittadinanza Italiana per poter lavorare qua e poi ho sposato un italiano e l'ho avuta facilmente. Allora il governo indiano mi ha annullato il passaporto, adesso, io avevo ancora il passaporto e me lo hanno annullato, e l'ultima volta che sono andata a prendere il visto mi hanno chiesto il passaporto e mi hanno scritto in grande annullato, mi sono sentita male, non sei più cittadina neanche minimamente.

Adesso volevo chiederle qualcosa di politica. Come vive il momento politico dell'Italia e dell'Europa? Mi riferisco al discorso dell'immigrazione.

Ho sentito questa mattina la legge sull'immigrazione che chi viene in maniera regolare c'è ancora e rimane la possibilità del ricongiungimento familiare, per cui questa è una buona cosa.

Ma la differenza che lei ha vissuto fra Italia e Londra, quale è stata, sempre che lei abbia percepito delle differenze?

Allora tantissimo. Londra puoi andare, fare, sei cosmopolita, incontri gente di tutte le parti del mondo. Noi eravamo lì a Londra in una scuola di infermieri, in un convitto eravamo di tutte le parti: spagnoli, irlandesi... Io sono stata tre anni a Londra, e non ci siamo mai sentite fuori delle straniere. L'Italia, era la gente italiana che emigrava, adesso è l'inverso, però ci vuole un po' di tempo. [...] A Londra ci sentivamo a casa nostra.

Ha relazioni con altre/altri immigrate/i? Sono solitamente persone della sua stessa comunità di provenienza?

Beh adesso qua non è che ci sono tanti neanche dei nostri no, siamo un po' sparsi, comunque sono in contatto con ragazze indiane e ragazzi indiani, con altre comunità sinceramente no. Ci troviamo per delle feste, tipo la Festa dei Popoli. E' già diverso per me perché sposando un italiano, anche loro gli indiani non frequentano noi come frequentano una famiglia, una coppia indiana, c'è anche questa diversità. Ad esempio: c'erano dei ragazzi indiani che una volta abbiamo invitato, poi c'era anche una mia amica che ha sposato anche lei un italiano, loro non sono venuti perché c'erano degli italiani e non si sarebbero sentiti a loro agio, così ci hanno detto. Forse perché è difficile inserirsi, forse per paura, che ne so io, forse perché diviene difficile comunicare.

Fa parte di alcune associazioni?

Una volta non c'erano, adesso sinceramente non ho tempo perché lavoro in ospedale, quindi turni, festività e notti, poi ho la famiglia, la casa. Forse quando andrò in pensione avrò più tempo.

<u>Se lei potesse inventare una città in cui persone di diversa provenienza geografica vi si potessero stabilire come se la immagina?</u>

Sarebbe bello, però credo che sia un ideale, rimane un'utopia. Ho visto anche a Londra che ci sono persone che provengono da tutto il mondo, però anche lì c'era un quartiere che non voleva più gli indiani perché c'erano soprattutto africani. Quindi penso che rimanga un'utopia, perché ognuno cerca il proprio simile, e nonostante che si riesca a fare amicizia, alla fine, come diceva quel ragazzo: "Se siete indiani io vengo", si cerca la propria gente per la cultura, per la lingua uguale. Kashmira precisa che spesso gli incontri con gli altri sono dettati dalle categorie. *Come quando andiamo ad una festa dell'ospedale, quando vai alla festa vedi che i dottori cercano di stare con i dottori, gli infermieri con gli infermieri, purtroppo questa è la società che fa categorie.*

<u>Secondo lei, per una persona che immigra qua, cosa ci vorrebbe, cosa manca secondo lei perché una persona si inserisca, si senta bene qua in Italia?</u>

Che si inserisca forse un po' di più il senso dell'accoglienza, più apertura, andare incontro verso l'altro. Con fermezza ripete quanto già enunciato in precedenza rispetto al suo stesso modo di porsi con l'altro. *Io per prima ho sempre paura dell'altro, da parte mia, ho fatto un esame di coscienza e dico: probabilmente non sono stata, a parte l'inizio, se per dieci anni, quindici anni non sono riuscita ad inserirmi vuol dire che anche da parte mia c'è stata poca disponibilità di inserirsi. Ci vuole disponibilità da tutte e due la parti, perché chi arriva, l'immigrato che arriva non può pretendere che sia solo l'altro che va verso di lui. [...] O comunque non può fare il suo ghetto, cioè io sto qua e chiudersi lì, perché se sei qua devi anche adeguarti alla vita, al costume, alla mentalità, o comunque cercare di avvicinarsi. Comunque non abbandonando le proprie tradizioni, i propri costumi.*

<u>Quale è stato il vantaggio di essere venuta in Italia, sempre che ci sia?</u>

Certo che c'è il vantaggio. Il vantaggio è che hai visto il mondo, hai visto tante cose, hai conosciuto popoli e culture diverse, hai viaggiato, perché se stavo in India non potevo mica muovermi, cioè mi sarei messa su la mia famiglia, i miei figli e da lì non mi sarei più mossa, penso.

<u>Mi ricordo che Anagha (la figlia maggiore) mi ha parlato di un episodio spiacevole che le è successo tempo fa in città, a Verona, ha voglia di raccontarmelo?</u>

E' stato un evento... accaduto negli anni '84-'85. Rievoca l'episodio accaduto in città a Verona, nei minimi particolari. Kashmira stava salendo su un autobus quando viene fermata da alcuni poliziotti vestiti in borghese. Con molta arroganza le intimano di salire sulla loro macchina per condurla in Questura. Giunta lì iniziano a rovesciarle la borsetta, il contenuto si sparge sul pavimento, ma ancora nessuno le dice cosa sta accadendo, e come mai l'hanno condotta lì. Dopo parecchio tempo venne informata che era stata fermata, sulla base della segnalazione che vi era una ragazza mora e straniera, che spacciava soldi falsi. Accortisi dell'errore, lei ha preteso che le chiedessero scusa. Per Kashmira tutto ciò è stato una tremenda esperienza.

E poi non dimentica di affrontare l'argomento Questura, in quanto ultimamente si è dovuta recare con sua nipote. *Ultimamente siamo andati in Questura diverse volte per mia nipote e c'era anche la Anagha, prendere il biglietto, far la fila, una volta dicevano dei ragazzi: "A questo punto ci conviene fare i clandestini almeno quelli non devono fare niente, noi siamo regolari, veniamo qua e ci trattano male." I funzionari ti trattano come se tu fossi niente. [...] Siamo delle persone, non siamo mica un carro di animali buttati lì, solo che lì bisogna star zitti, altrimenti ti creano ulteriori problemi.*

<u>Quale è stata la cosa che le è stato difficile 'dover abbandonare'? Sempre che ci sia stata?</u>

L'ho sempre pensato e sempre detto: noi indiani abbiamo questo senso di adattamento, siamo molto pacifici, ci adattiamo, ci accontentiamo, quindi non è stato molto difficile. [...] Siamo persone che ci accontentiamo nel senso che non siamo molto difficili, questo è un vantaggio. Poi la lingua all'inizio, però conoscendo l'inglese ho imparato abbastanza facilmente l'italiano. Per lei è stato difficoltoso conservare la propria lingua, in quanto non la parlava con nessuno. *Mi piaceva molto scrivere lettere ai miei, e all'inizio delle lettere facevo fatica a tirare fuori il pensiero, perché pensavi in italiano, poi quando iniziavo, scrivevo a tutti e la cosa veniva poi fluida. Ora invece parlo di più la mia lingua perché vado più spesso in India e poi si incontra anche qualche indiano qua, per cui è più facile, all'inizio ci volevano dei giorni quando arrivavo in India per comunicare senza problemi.*

Conclusa l'intervista mi offre un caffè e del dolce e mi invita per una cena tradizionale a casa sua, per l'appunto con i piatti tipici del suo Paese.

Ranzie

Ranzie ha 39 anni proviene dal Ghana, è sposata ed è diplomata in ragioneria (nel suo Paese).

E' appena arrivata dal lavoro, quindi è un po' stanca, per riprendersi sorseggiamo una bibita fresca e poi iniziamo con l'intervista.

Quando è arrivata in Italia?

Sono arrivata nel 1987.

E' da tantissimo che è qua. Si è insediata subito a Poiano, oppure è stata in altri luoghi?

Prima a Napoli. Allora mio marito lavorava a Napoli. Mi sono sposata in Ghana e poi sono venuta a Napoli. Mio marito viveva lì già e io sono arrivata poi subito dopo sposata. Poi sono venuta qui a Verona, vivevamo a Montorio, poi ci siamo spostati qua a Poiano, e siamo qua da tredici anni.

Perché ha scelto di emigrare?

Allora... io non ho scelto di emigrare assolutamente no. Mi piacerebbe rimanere in Paese mio, ma mi sono sposata uno che vive qua. E' per quello che sono venuta.

Ha sposato una persona del suo stesso Paese o un italiano?

No, uno del Ghana. Perché ci conoscevamo prima quando andavo a scuola, e dopo lui ha fatto geometra, e dopo il diploma ha deciso di andare in Nigeria a lavorare in Nigeria. A lui piace lavorare fuori dal proprio Paese. [...] *Voleva continuare a studiare: fare l'architetto.* Poi suo marito è arrivato in Italia e qui si è fermato. *E dopo allora veniva... in Italia con suo zio che era in ambasciata e gli è piaciuto stare qui. Dopo non ha più studiato ha lasciato, e ha voluto stare qui perché aveva anche un mio cugino che viveva a Napoli. Quindi si è messo d'accordo con lui e intanto è andato a stare con lui, dopodiché è venuto in Ghana a sposarmi, dopo tre anni vissuti in Italia.* Prosegue il racconto, ma a fatica perché i ricordi dolorosi riaffiorano incontrollabili. *E sono venuta... ma io non ero contenta, là in Ghana stavo bene, avevo il lavoro, avevo la famiglia.* Ranzie rievoca anche le parole di sua madre, non le ha mai scordate, le chiedeva di fare una scelta. *"Hai deciso, sei sicura che vuoi stare lontana, vuoi..." Allora ogni volta mi chiedeva se riuscivo a stare lontano così..."* Mentre pronuncia queste parole piange, e sono lacrime amare per quello che ha lasciato. *...E ho deciso, man mano che arrivava il tempo allora mi sentivo male, piangevo sempre. Insomma son venuta, e son rimasta qua con mio marito.*

<u>Soffre ancora?</u>

Non so, mi dispiace... non voglio ricordarmi quel tempo in cui ho deciso di venire qua.

<u>Mi dispiace perché le ho fatto ricordare nuovamente quei tristi momenti.</u>

Va bene... non fa niente, passa... Accenna poi dell'esperienza vissuta a Napoli, subito dopo essersi sposata in Ghana. *Arrivata qui mio marito viveva bene a Napoli, stava bene. Perché quando è arrivato ha trovato una famiglia, lavorava con un ingegnere e con un suo socio e... l'ingegnere non era sposato, il suo socio invece sì, aveva due figli e una villa grande con campo da tennis, tutto, piscina grandissima, e mio marito viveva con lui. Non mi sono trovata male con questa gente. Sono stati accoglienti, tantissimo, ancora li andiamo a trovare.*

<u>E' rimasta molto a Napoli?</u>

Due anni. Mi sono trovata molto bene là, era in un posto tipo residence. La città era un po' caotica, non sono mai stata in città da sola, mai con l'autobus da sola, mai in banca da sola, non sono mai uscita da sola.

<u>Come mai?</u>

Vivevamo in periferia e io... non potevo andare in giro così in autobus come qui che vado in città prendo l'autobus e torno, invece là non mi sentivo di uscire da sola, non me la sentivo. Poi il discorso cade sull'arrivo nel luogo dove vivono tuttora e dell'accoglienza ricevuta. *E poi siamo venuti qui ed abbiamo trovato un'altra famiglia, all'inizio ci hanno dato un casa, dopo un mese ci hanno mandato via e non sapevamo cosa fare. E allora questa signora ci ha raccolto in casa sua sì, abbiamo vissuto con lei un po' e dopo abbiamo trovato questa casa e non c'era niente. I mobili: tutto abbiamo portato da Napoli. [...] Qui piano piano siamo rimasti qui, e sono contenta ora di essere qui, ho le amicizie. [...] Il secondo figlio è nato qui, il primo è arrivato qua che aveva un anno, è nato a Napoli.*

Cosa ha portato con sé nella sua valigia quando è partita dal Ghana per arrivare in Italia? Cosa ha voluto dire lasciare il proprio Paese?

Ho portato dal mio Paese gli oggetti d'oro che mi hanno regalato i miei e che tengo sempre con molta gioia. Queste cose mi ricordano, quando le guardo, mia mamma e mia nonna.

Ha dei luoghi particolari, o dei profumi che le ricordano il suo Paese?

Oh sì sì. Veramente dove vivevo stavo bene, non è come qui ecco, ero abituata, allora ero ragazza ed ero abituata che mi servivano sempre, andavo a lavorare e quando tornavo a casa non dovevo fare niente: mi lavavano i vestiti, mi stiravano, avevamo gente che lavorava in casa da noi. Rimarca che non aveva nessun desiderio di lasciare il proprio Paese. *Non è che mi mancava... proprio uscire dal mio Paese ed andare in cerca di chissà che cosa. Però come ho accettato di sposare mio marito, devo accettare di vivere qui. Poi la nostra cultura, la nostra tradizione: sono gli uomini che comandano, quindi io non posso continuare a dire: "Non mi piace questo, non mi piace questo", allora non possiamo sposarci. Ecco io ho accettato quello, con la mia intelligenza devo accettare anche il dove.* Ranzie esprime la non soddisfazione circa il lavoro che qui svolge. *Io là avevo il mio lavoro, lavoravo in ufficio, qua a fare la collaboratrice domestica che, a me, io non ho mai fatto in casa mia, non ho mai servito nessuno, e vai in un Paese a servire gente?* Anche a suo marito ha parlato del suo malessere circa il lavoro, ma lui le ha risposto che non ci sono altre possibilità. *"Qua è così", e l'unica cosa che posso trovare è quello.* [...] *L'unico lavoro che puoi fare è fare la collaboratrice domestica. Allora ho fatto così, però è stato difficile, molto difficile. Le cose di casa le ho imparate qua, io non le sapevo fare, poi piano piano ho imparato: a fare, lavare, stirare, così sono diventata esperta.*

Come si trova con le famiglie in cui va a lavorare?

Bene per fortuna. Dove lavoro non c'è nessuno, loro sono sempre via, io ho le chiavi.

Quando è arrivata a Napoli come si è sentita, e qua dove vive ora come si è sentita?

Mi sono sentita tutta strana, primo perché non capivo la lingua, non c'era dialogo tra questa famiglia che mi faceva i segni [sorride]. *Non capivo, anche loro non mi capivano.*

Mentre a Poiano come si è sentita?

Bene, subito bene perché abbiamo trovato anche una signora qua, cioè quando non c'erano ancora nostre cose da Napoli ci ha dato la cucina, un frigorifero, ci ha aiutato.

Ha percepito differenze di 'trattamento' tra gli immigrati e le immigrate?

No, no non ho percepito differenze.

Ok. Vantaggi e svantaggi di questa sua esperienza?

Dalla mia esperienza ho guadagnato tante cose... ho imparato a vivere fuori dal mio Paese di origine e ho imparato a stare con tanta gente diversa e ho imparato a fare anche le cose che non sapevo fare. Tipo: collaboratrice domestica, una cosa che non ho mai fatto, però ho imparato e mi piace, però vorrei che anche i miei figli imparassero qualcosa anche di casa, come io che non ho mai fatto e poi mi sono trovata così.

E gli svantaggi ci sono?

Gli svantaggi sono che, io penso, che fare questo lavoro: la collaboratrice domestica, ma quanti anni puoi fare questo lavoro, quanti anni puoi andare avanti così? Questo è il mio svantaggio. Sogna un lavoro migliore, altrimenti mi rivela che quando i figli saranno grandi ritornerà in Ghana, addirittura manifesta, senza alcun tipo di incertezza che ritornerà anche da sola. *Se trovo una cosa di meglio va bene, rimango, ma se non trovo niente di meglio domani tornerò, anche se mio marito non è d'accordo, se lui viene o non viene* [sorride] *io ritorno in Ghana.*

<u>Ma che lavoro vorrebbe fare?</u>

Adesso ho deciso di fare l'operatrice sanitaria, farò la domanda quest'anno e poi... Almeno avrò lavoro sicuro, almeno quello, con la collaboratrice domestica non ti danno niente e poi la pensione... perché sono in regola per nove ore alla settimana ed è pochissimo, e quando avrò la pensione sarà poco poco, se l'avrò. Questi sono gli svantaggi di questo tipo di lavoro e della vita che facciamo qui. Ranzie riafferma che in Ghana stava bene. *Mi dispiace per i bambini perché ormai sono nati qui, e io non posso dire: "Dai andiamo a vivere in Ghana", ormai loro hanno amici qui. [...] Noi siamo così così... perché, cioè o siamo qui o che viviamo qua per sempre o che torniamo per sempre, però il nostro problema sono adesso i bambini.* Ma, continua Ranzie, parlando anche del fatto che tanti suoi connazionali sono ritornati nel proprio Paese. *Ci sono tanti nostri amici che vanno via, che ritornano nel nostro Paese, a Dicembre sono andati via in tanti.*

<u>Sì e come mai?</u>

Sono stufi, adesso arriva legge di Bossi, leggi qua, leggi là, loro dicono: "Noi siamo qua, un domani cosa facciamo qua? Dobbiamo solo lavorare, cioè come schiavi, allora è inutile rimanere qui!" [...] Fare sempre tutto di corsa, è pesante alla fine e non hai niente, è un'umiliazione, è una cosa molto grave. [...] Non posso andare, viaggiare da nessuna parte, [e ride] emigrare da nessun parte, io prendo la mia valigia e torno in Ghana, piuttosto di andare in un'altra parte, assolutamente no, anche se mi dai miliardi non vado da nessuna parte, io torno a casa mia per sempre. Procede parlandomi di come a volte si è sentita, di come viene trattata perché tanti sono i pregiudizi che la gente possiede nei loro confronti. *Vai in un posto che non conosci e ti trattano come se tu non fossi una persona, perché i vicini hanno paura perché non sanno quello che sei... sei sempre un'estranea che gira attorno alla gente. Quindi io per quello cose ci soffro, e molto.* Ranzie mi rivela che a volte viene scambiata per una prostituta solo perché è lì alla fermata dell'autobus, ciò è per lei fonte di amarezza e di squallore. *Un giorno che ho finito di lavorare all'una e mezza, ero lì alla fermata dell'autobus e c'era gente che girava e uno mi ha detto: "Vuoi un passaggio?" Io lì senza rispondere, non guardo in faccia nessuno, io non guardo però sto male. [...] E' una cosa bruttissima. Scusami, qui in Italia ci sono parecchi ignoranti, l'ignoranza è un nemico numero uno, perché quando uno fa una cosa, poi se la prendono con tutti. Qui adesso in Italia il loro immaginario sono gli stranieri, è una cosa bruttissima.* Poi narra che in Inghilterra, la prima volta che ha portato i propri figli, essi sono rimasti meravigliati nel vedere che le persone di colore fanno anche lavori d'ufficio. *I miei figli erano contenti nel vedere gente di colore, vedere i propri simili che lavorano in ufficio.*

Che cosa dicono invece loro, i suoi figli, di qui?

Per loro il loro Paese è qui. Loro sono nati qui, hanno i loro amici, non pensano anche... Loro vanno in Inghilterra, però dopo vogliono ritornare qui in Italia perché qui loro si capiscono meglio.

Ma in casa voi parlate l'inglese?

Ogni tanto con mio marito. Non volevamo far confusione ai bambini, abbiamo pensato di parlare in italiano. Perché quando erano piccoli parlare una lingua che loro non capiscono sembra che si voglia nascondere qualcosa, adesso capiscono sì.

Ha nostalgia dei suoi luoghi d'origine?

Sì sì [ride]. *Sì perché... insomma si sta bene là. E' un altro clima, un altro ambiente, tutto diverso. Là la temperatura è stabile, qui freddo, caldo, umido, non si sa come vestirsi.*

Come vive e percepisce questo posto, questo paese e i suoi abitanti? Come si sente?

Nessun problema.

Bene, però prima mi aveva raccontato quell'episodio che le è accaduto sull'autobus...

[Ride] *Ah sì ogni tanto capita, ma se ci pensiamo a quello non riusciremmo a stare qui. Non ci penso, quello è passato.*

Ma quando le succedono queste cose?

Sì mi sento male, ma dopo mi passa. Poco tempo fa, mi riferisce Ranzie, le è capitato un episodio alquanto spiacevole sull'autobus: è stata insultata da una signora anziana. *Un giorno un'anziana dice al controllore: "Prendila che i negri non pagano e salgono sull'autobus e fanno un casino qui", il controllore è andato direttamente dalla signora e ha fatto:*

"Signora mi puoi lasciare a fare il mio lavoro!" Allora lei è stata zitta, e dopo: "Ah beh sono tutte puttane..." Io niente sto zitta, sto lì a guardare, è così, io prendo l'autobus tre volte alla settimana, però io prendo l'abbonamento perché se mi sveglio che sono in ritardo ho il mio abbonamento.

Come descriverebbe lei le donne italiane che incontra o vede per strada?

Tante volte trovo quelli educati, tante volte trovo maleducati.

Ma le donne, soprattutto quelle italiane, come le vede muoversi, magari anche rispetto a voi?

Sì quello mi piace... perché le nostre donne, la maggior parte non fanno niente, nel senso che... per il lavoro, se non va a scuola fino ad un certo punto e che può trovare il lavoro, bene da fare, ce ne sono tante che fanno, che vendono, piccoli commerci, piccoli negozi. [...] Sono soprattutto le donne che mandano avanti questi piccoli negozi privati, ma non hanno orari e fanno quello che vogliono. Rivolge poi una critica a questo modo di fare delle donne. *Aprono sia alle 10.00, sia alle 11.00, alle 9.00, alle 8.00, se gira bene apri presto. Ma questo non è buono, assolutamente, per me ci deve essere un orario su tutte le cose. Nella vita devi essere così.* Ranzie mi riferisce del lavoro che lei svolgeva e degli orari – lavorava in un ufficio – che in questo caso, anche lei doveva rispettare. *Quando andavo a lavorare in Ghana, mi alzavo alle 6.00, mi preparavo e tutto, e dopo l'autista mi portava: l'autista di lavoro perché mio zio era direttore della ditta in cui lavoravo. L'autista... noi non andavamo a lavorare con la macchina privata, ma la macchina di lavoro, quindi l'autista prima va in ufficio, timbra, e ritira la macchina della ditta ed allora viene a casa, ci prende e poi ci porta al lavoro. [...] Le ditte in Ghana sono grandi, [...] io lavoravo dove c'erano tante ditte, [...] è un ufficio grandissimo dove ci sono tutte queste ditte. [...] Quelli che fanno lavoro in ufficio hanno gli orari, però negozi no. A me non piacerebbe aprire un negozio, vendere, stare continuamente con la gente no.*

E se dovesse ritornare in Ghana potrebbe ritornare a lavorare lì?

Devo cercare un altro lavoro. E poi non ho contributo da... gli anni che son venuta qua son tutti persi eh, e contano gli anni che hai lavorato là anche come qui per avere pensione. E' una vita molto difficile, son le cose che noi non pensiamo, se pensi, pensi per niente, non hai altre alternative, o che vivi qua o che torno là. Spera che le cose cambino, mutino anche a favore loro. *Ma qui non sappiamo se un domani avremo pensione, non sappiamo perché qui in Italia cambiano legge ogni giorno. Non so cosa sarà... speriamo che le cose cambino, e io aspetto, aspetto...*

Come vive il momento politico dell'Italia? E dell'Europa? Lei si sente coinvolta a livello politico?... Però gli immigrati non li coinvolgono mai, non hanno voce in capitolo...

[Ride] *Intanto non votiamo... non mi interessa tanto, se forse voto allora sì mi interessa.. sono lì loro e fanno quello che vogliono e io rimango a... Io non vado contro quello che dicono perché il Paese è loro possono fare quello che vogliono, io sono l'immigrata. [...] Allora ognuno si dà da fare per vivere così, ma se un domani agli italiani girano male e dicono: "Non vogliamo più immigrati" io vado al mio Paese, senza star lì a dire perché o come.* Si intrattiene a raccontarmi dei suoi fratelli che vivono in altri luoghi e che vivono meglio di lei. *Non mi posso sentire uguale in Italia come nel mio Paese, intanto come trattano gli immigrati, uno non si può sentire bene perché io vivo qui, ma sono andata ancora in Inghilterra, vado ancora in Olanda, in Germania, e i miei fratelli che vivono in Olanda stanno bene. [...]* E poi suo fratello, rimarca Ranzie, che li vede come poveri. *Però lui, io vedo mio fratello che è grande, invece noi, mio fratello vede noi come... poveri. Se mio fratello viene qua e vede come viviamo qua, ci vede come gente povera. Se noi andiamo in Inghilterra da mia cognata, loro vivono bene, nel senso che hanno la casa arredata bene, la casa è loro, una volta noi non potevamo comprare la casa, adesso dicono sì, ma io non mi sono neanche interessata a vedere se si può. [...] Quindi non lo so, i bambini loro sono nati qui e vivono qui e vivono bene, penso che quando diventeranno grandi capiranno anche loro. Ci sono tante cose... non belle. [...] Cosa facciamo qui, meglio tornare a casa, star qui a vivere... star male, noi viviamo qua per i figli, il sacrificio ormai lo abbiamo già fatto e bisogna continuare.*

<u>Ma anche suo marito ritornerebbe in Ghana volentieri?</u>

Mio marito no, lui no, e ma prima o poi lo lascerò... prima o poi sì. Adesso vivo qua, quando sarò vecchia ritornerò a casa. Mi mostra orgogliosa la fotografia della casa che possiedono in Ghana, ed è veramente enorme, non è completamente ultimata, ma comunque i lavori proseguono. E poi dopo le fotografie della casa, non manca di mostrarmi alcune fotografie della sua famiglia natale e della loro casa. Annuncia, con occhi sorridenti che fra poco andranno in Ghana per le vacanze e là rimarranno per un mese.

E poi come è il ritorno in Italia?

Quando ritorno qua... star lì a pensare quello che faccio qua. Le mie sorelle non credono, quando racconto che faccio questa collaboratrice domestica; mi piacerebbe, ma non è possibile qui invitarle, cioè devo fare un sacco di carte per invitare mia mamma, mia sorella. Le porterò a far vedere che questo lavoro che faccio è vero, non crede nessuno. Loro dicono: "E' impossibile", perché noi... una ha studiato va a casa di qualcuno a pulire, è impossibile, in Ghana è impossibile. Cioè già è impossibile che una donna ha studiato trovare uomo non studiato, è impossibile in Ghana. Qua una cosa che ho visto per me strana: vedi una donna impiegata, magari suo marito fa l'idraulico, o fa il muratore, in Ghana non li trovi, assolutamente no.

Ma perché?

Non lo so [ride]*, non esiste. Qua l'esperienza che ho visto è questa. Se una donna ha studiato, da noi, anche suo marito deve essere una persona studiata, altrimenti rimani senza.* Ranzie mi parla dei suoi luoghi, delle loro tradizioni, e mi porta l'esempio di due sue cugine, l'una non sposata e l'altra separata. *Io ho una cugina avvocato, e lei non ha voluto sposare, adesso ha 54 anni. Perché lei pensa: "Casa ce l'ho, ho la mia macchina, vivo bene, mi trovo un uomo che mi viene a dire: fai questo, fai quello, piuttosto di trovare uno che viene a comandarmi resto senza, rimango senza!" Anche sua sorella, anche lei è rimasta così, si è sposata con un diplomatico che era in ambasciata, sono andati in Giappone, il matrimonio non è durato neanche tre mesi, penso che non si è trovata bene là allora basta. Adesso sta a casa sua, ha la sua casa grande, in Ghana puoi trovare un giardiniere, puoi trovare domestico, tutto, con quello che prende lei paga tutti.* Poi mi racconta che in Ghana le persone che si occupano del lavoro domestico o del giardinaggio provengono dal Sud del Ghana, sono persone analfabete. *In Ghana non c'è donna domestica, ma c'è uomo, uomini che vengono dal Sud di Ghana, e che noi che veniamo dalla costa, dall'altra parte pensano, cioè guardano in modo inferiore questa gente. Questa gente qua, là non andavano a scuola, allora ci sono uomini che non sono andati a scuola, quindi lì fanno i giardinieri. Mi ricordo quando vivevo in Ghana a casa mia, c'era l'autista, il giardiniere, gli uomini che pulivano. Loro vengono al mattino, lì ognuno fa il suo lavoro, quello che fa i mestieri in casa se c'è da stirare stira, poi c'è quello che fa da mangiare.* Questo per Ranzie: cioè essere servita e riverita – quando era piccola – era qualcosa di bellissimo, ma ora per lei le cose sono cambiate. *Era una bella cosa, quando eravamo piccoli dicevamo che era una bella cosa, ma quando son venuta qua ho detto che non è una bella cosa, nel senso che qui, la signora che ci ha aiutato quando siamo venuti qui, suo marito era presidente dell'U.L.S.S. 25, lui guidava sua macchina, il suo giardino lo liberava lui, e c'era mio marito che gli dava una mano. Invece in Ghana non è così, se una persona è così importante ha tante persone attorno, c'è sempre una persona che apre la porta, che aprono il cancello, apri e chiudi, qui invece c'è il cancello automatico. [...] Però a me adesso non piace più così, adesso ho imparato tante cose diverse, questa gente qua viene a lavorare, anche se li pagano però... non è bello. [...] Ecco ci sono tutte queste cose, una volta mi piacevano, adesso no, perché io vedo che anche loro son persone, perché li devono usare in quel senso? Sì sì in Ghana è così.*

Mi mostra una video cassetta, un documentario sul suo Paese, e una video cassetta del matrimonio di una sua parente; così il tempo trascorre velocemente e senza sosta, vedo poi che la stanchezza si è 'abbattuta' su di lei, decido di concludere con l'ultima domanda. Poi, come già ho accennato all'inizio del capitolo mi consiglia un libro da leggere per ulteriori informazione sull'Africa e sul suo Paese, e mi invita a ritrovarmi con lei dopo il ritorno dalle sue vacanze in Ghana per discutere del libro e perché mi mostrerà ulteriori fotografie dei suoi luoghi natii.

<u>Le faccio l'ultimissima domanda. Ha relazione con altre/altri immigrati?</u>

Sì conosco persone del mio stesso Paese e ci vediamo alcune volte, ma anche persone del Paese di qua.

Poi cordialmente ci si saluta anche perché Ranzie deve uscire.

Fatma

Fatma mi ha espresso apertamente la difficoltà per l'utilizzo del registratore, non le era mai successo prima d'ora, anche se mi ha comunicato che non era questa la sua prima intervista. Le ho chiarito il perché di quell'utilizzo, dopodiché ha accettato la modalità che io le avevo proposto. Desiderava comunque poter riascoltare la registrazione, e magari averne una copia, ho acconsentito.

Fatma mostra all'inizio dell'intervista un po' di timori, ma durante il percorso lascia cadere le 'difese', e si tranquillizza. Durante tutta l'intervista è presente suo figlio, il piccolo, spesso ci interrompe perché anche lui vuole attenzione. In quei momenti, dopo aver spento il registratore, a volte il filo del discorso fatica a rimettersi in moto, quindi io le ripeto la domanda oppure cerco di riprendere il discorso dove lei l'aveva lasciato. L'intervista è risultata piuttosto faticosa anche per me che l'ascoltavo, per i motivi appena enunciati, ma i risultati sono stati, a mio parere, soddisfacenti.

Fatma proviene dal Marocco, ha 36 anni, è sposata ed ha due figli.

Ho studiato le elementari, le medie, le superiori, ho fatto la maturità e dopo ho fatto due anni di segretaria, e sono stata segretaria nel mio Paese per sette anni. [...] Ho avuto la mia esperienza passo dopo passo, finché sono stata anche qualificata anche come segretaria del deputato in Marocco. Ho lasciato... una bella esperienza.

<u>Quando sei arrivata in Italia?</u>

Nel maggio 1995...

<u>Allora, sei arrivata nel '95 in Italia e sei rimasta sempre nello stesso luogo dove risiedi adesso?</u>

Sì sono arrivata qui solo che ho messo un po' di tempo per arrivare qua, per fare i documenti non era facile... ho aspettato due anni, da là in Marocco per venire qua...

Avverto in lei un po' di preoccupazione nel rispondermi, quindi cerco di rassicurarla, di non preoccuparsi. Continuo poi con le domande, e aggiungo: "<u>Se hai qualcosa da dire al di là delle domande che ti pongo fai pure.</u>" <u>Perché hai scelto di emigrare e perché proprio in Italia?</u>

Non ho mai scelto né di emigrare, né di scegliere dove immigrare. Non ho mai pensato, ho pensato di emigrare quando ero nel periodo della maturità volevo emigrare più a Londra per fare... per continuare i miei studi dopo la maturità. Volevo andare a Londra, siccome noi veniamo da una famiglia più protettiva ed anche, diciamo un po' nobile, mio papà non mi ha dato questo permesso di andare a Londra. Fatma riafferma che non pensava proprio di emigrare dal proprio Paese, dal Marocco perché là lei stava bene. *E allora... non ho mai pensato veramente di emigrare, stavo bene, lavoravo, prendevo soldi meglio di qua, la verità... Avevo una famiglia... bella grande, affettuosa, miei fratelli, mie sorelle, tutto, non ho mai pensato: "Perché emigrare, perché vado", stavo bene...* Ma sposando suo marito ha scelto anche di emigrare. *Affinché ho sposato mio marito... E allora... è stato questo progetto di matrimonio insomma, ci siamo innamorati e dopo il fidanzamento lui è venuto qua per due anni finiti, ci ha messo due anni, è stata dura perché dovevo scegliere...*

Dicevi che è stata dura...

E' stata dura perché dovevo smettere di lavorare e prepararmi a venire qua. E' stata... un po' programmata perché io mi sono iscritta al Consolato giù in Marocco per imparare anche la lingua per non venire qua così... E mentre studiavo l'italiano, lavoravo, però pensavo di venire subito, non pensavo di aspettare due anni, così tanto per arrivare qua, allora ho smesso di lavorare e mi è dispiaciuto molto. Avevo calcolato male, e poi sono arrivata qua.

(Spesso il bambino ci interrompe nella conversazione, dunque, a volte devo riformulare le domande per continuare). Quindi mi stavi dicendo che tu non hai scelto di venire qua?

No, non ho mai scelto. Stavo bene perché, te l'avevo detto avevo un bel lavoro. [...] E piano piano sono diventata segretaria personale del dirigente, e da lì in tutte le ditte che avevo lavorato avevo sempre un incarico ben grande. [...] Avevo quasi cinquanta operai nelle mie mani, facevo io, gestivo io, facevo direttrice, dirigevo io. [...] E non avevo difficoltà proprio per cambiare la mia vita, mi dispiace adesso. Fatma sperava che in Italia avrebbe potuto continuare a fare il medesimo lavoro, ma così non è stato, almeno fino ad ora. *Quando sono venuta qua in Italia pensavo sempre che: "Farò lo stesso lavoro insomma", non avevo mai pensato che ci stavano difficoltà, pensavo che con il mio diploma, con la mia esperienza...* Poi la voce le si inclina e alcune lacrime scorrono sul suo viso...

E che cosa ha comportato per te questa scelta nel tuo luogo di partenza, per il fatto che sei venuta qui, e nel luogo d'arrivo?

Ma... ho lasciato molto, ho lasciato una bella famiglia affettuosa con fratelli ed amici miei. Mi ricorderò ancora mio fratello quando... lui faceva il parrucchiere, sai in Marocco non ci sono gli orari che stanno qui, casomai io dormivo un po' prestino e lui quando arriva, mio fratello viene e mi porta un gelato, qualcosa, un dolce, delle caramelle, e viene a bussare alla porta della mia cameretta, e facendomi solletico mi sveglio e parliamo, mi racconta della sua giornata come è andata, della sua ragazza, anche di questo mi parlava... Guarda mi vengono... Fatma fatica a parlare, i ricordi irrompono con forza in lei e le lacrime continuano nella 'loro corsa'. *Ho lasciato una mamma affettuosissima, ho lasciato sorelle chi mi vogliono tanto bene, fratelli, anche gli altri più grandi che... ero proprio... non so come dire...*

La più piccola?

La più piccola delle ragazze, delle sorelle, quindi ero proprio quella che, che non deve mai lamentarsi, ero anche... Mio papà mi diceva sempre: "Sei la gioia di casa", quindi anche il papà era affettuoso, io gli raccontavo tutto a mio papà. [...] Ho lasciato tante cose insomma, a parte l'amicizia di altre ragazze, insomma ero, dico la verità, mi dispiace e quando penso a queste cose a me dispiace di aver lasciato tutto questo. Fatma dice che là si sentiva se stessa. *Sai perché, mi sentivo me stessa, invece qua in Italia mi sto trasformando, per dare una persona adatta a questo Paese.*

Sì...

Sì: adatta a questo Paese, anche adatta ai bambini, al marito, ad un'altra vita. E' giusto che anche giù in Marocco quando ti sposi cambia la vita, però la mia vita era proprio... per dirti, mi sistemavo tutta: andavo dalla parrucchiera una volta alla settimana, cosa che non lo faccio mai qua, e passo la cera una volta ogni tanto qua. Hai capito cose mie, cose che le sento io, me stessa, cose che sento il piacere di fare, invece qua faccio il dovere di fare, non... manca anche un po' di piacere, non so se mi capisci no...

Sì ti capisco.

Perché quando sei giù nel tuo Paese non è che... Ti senti libera, ti senti proprio un'altra, a parte che ho una dignità e un orgoglio anche qua e son contenta di non aver mollato questo, per carità, però è diversa la cosa. Fatma sostiene che l'orgoglio che sentiva di avere verso se stessa in Marocco è qualcosa di diverso rispetto a quello che avverte qui in Italia. *Ti senti un orgoglio più di quello che hai qua, un orgoglio di fare, non lo so come esprimermi per dirti qualcosa del genere. Insomma ero contenta della mia situazione, facevo quello che voglio io... era più forte veramente, mi dispiace tanto sai, veramente, io non avevo mai pensato di sposarmi e venire qua a cercare un lavoro che io ho fatto uno studio, ho studiato, ho fatto una carriera anche.* Poi mi confida quanto a volte si senta sminuita, e vorrebbe poter tornare indietro nel tempo e nello spazio. *E questo mi mette, quando penso, quando andavo qua in giro e senti un... una discriminazione, non so, qualcuno che ti sminuisce del tuo valore, ti senti proprio un peso grandissimo, ti senti e ti dici: "Cosa stai facendo?" hai capito, ti fa tornare indietro e ti dici: "Mi dispiace, quanto mi dispiace, ci avrò pensato bene?" Però insomma quando pensi anche ai tuoi figli, alla casa, e quando vedi anche un marito che mi vuol bene, anch'io gli voglio bene, e sei consolata dici: "Oddio non devo lamentarmi." [...] Però sai è dura veramente.*

E' dura anche tuttora?

Tuttora sì, è dura in ogni momento sai. Più avere i figli, più entrano nelle scuole e più pensare al loro futuro. Ogni momento è dura, sai un immigrato la sua vita rimane, tutta la sua vita è dura, non proprio, voi dite non so, gli italiani dicono che: "Non è adattato, non è inserito, non è integrato", no, inserito, si può inserire bene, integrare bene, però rimane sempre là... Inserire è un conto, ma... non è facile inserirsi, c'è la voglia di inserirsi sì, però non è facile.

<u>Che cosa hai portato con te nella tua valigia?</u>

[Sorride] *Mamma mia la mia valigia. Nella mia valigia se ti dico non mi credi, ho portato tutto, tre armadi di casa mia, ho portato tutti i miei vestiti.*

<u>Hai portato una parte, un pezzo del tuo Paese?</u>

Per dirti, non è che ho portato proprio vestiti tradizionali miei, ho portato anche quelli del matrimonio che li ho nell'armadio e qua non c'è neanche la possibilità di metterli perché devi essere proprio servita, non so abbiamo vestiti proprio che sono bellissimi, però come fai a correre dietro ai bambini con vestiti così, hai capito. [...] Poi ho portato altre cose, se vedi quel completo d'argento, [me lo mostra] *quello è il completo del tè con due vassoi grandi, e lì nelle vetrine ci sono i bicchieri del tè, dorati, altri blu che mi ha regalato mio papà, i regalini che mi hanno regalato i miei amici. [...] Ho portato anche spezie che mi sono durate quasi un anno, spezie proprio speciali, nostre, ho portato anche, siccome son venuta con l'aeroplano, una torta grande che ha fatto mia mamma, pollo cotto;* [ride] *era l'idea di far assaggiare a mio marito, anche di stare, ero anche nuova sposata, quindi di stare una settimana senza fare da mangiare.* Poi mi mostra il salotto marocchino che lei e suo marito hanno realizzato. *Non solo ho portato, ma ho fatto anche qua sì, ad esempio questo salone marocchino l'ho fatto io con mio marito, il materasso l'abbiamo fatto noi, cucito noi, l'abbiamo imbottito noi, anche i cuscini li ho fatti io.*

Come ti sei sentita appena giunta qua, qualcosa mi hai già detto, ma se vuoi aggiungere altro, io ti ascolto volentieri.

Come mi sono sentita appena giunta qua? Diciamo i primi giorni, i primi mesi anche, eravamo innamorati proprio, eravamo sposati da poco, uniti da poco, c'era ancora la voglia di stare insieme, di scoprire delle cose anche che non abbiamo potuto scoprire giù. Mi ha fatto vedere, mio marito, tanti posti qua in Italia, tra uscire, andare.

Ma tuo marito conosceva bene allora l'Italia?

Mio marito? Mio marito è venti anni che è in Italia. Sì sì non è che è venuto qua... è da tanto che è qua.

Però è stata un po' dura.

E' stata dura quando ha finito le ferie mio marito, dopo subito cominci a ragionare, a vedere dove sei, anzi io abito in una zona industriale quindi immagina, sono straniera anche nella città insomma. Fatma mi parla della grandissima difficoltà quando si tratta di far amicizia con qualcuno. *Era difficile di fare un'amicizia con qualcuno, da noi quando passi, a parte che anch'io ho un caratterino, non è che frequentavo chiunque, sai. Però avvicinare qualcuno a quell'epoca lì era come se stai chiedendo qualcosa a questa persona, a degli italiani, non so. [...] Dicevo anche un giorno a qualcuno ma... io cercavo anche di avvicinarmi, di parlare, perché passano, ad esempio, dalle otto a mezzogiorno che non parlo, dalle due alle sei che non parlo, che viene mio marito, ma quando arriva mio marito comincio a parlare, sai qualche volta perdi anche la voglia di parlare.*

Qualche volta anche con lui mi passa la voglia di parlare, capito. Fatma si intrattiene sulla componente lavoro. *Era difficile, ho cercato di convertire il mio diploma per cominciare a lavorare, così cambia qualcosa, ma non ho potuto. [...] E dopo cosa cerco, a lavare i piatti ad esempio, era durissimo per accontentare me stessa, e far entrare nella mia testa che devo fare questo lavoro per sopravvivere, non sono più la segretaria del deputato. E' da impazzire davvero. Io ti giuro andavo, sono nella zona industriale quindi quante ditte, tutti da queste passavo, ogni giorno porta per porta, porta per porta tutte, ma non ho avuto la fortuna di lavorare.* Mi rivela che spesso lo sconforto l'assaliva e il desiderio di mollare tutto in questi momenti si acuiva. *Sai in quel periodo lì ti viene anche la voglia di andare indietro, e quante volte mi dicevo: "Vado via, no, torno giù, no non ce la faccio qua, no torno!" Ho chiamato anche da qua il mio direttore e gli ho detto: "Se torno c'è mio posto?" e lui mi ha detto: "Ma come no sì che c'è", poi gli ho spiegato tutta la situazione e mi ha detto: "Ma dai non devi, hai scelto". [...] Era dura, non c'è da scherzare veramente, è dura completamente, ti cambia di tutto e tutto, ma alla fine... anche la mia famiglia mi ha sostenuto molto, mi ha aiutato a stabilirmi qua. Alla fine cercavo lavoro e non trovavo, sono rimasta incinta...*

Della prima figlia?

No, eh no. Sono rimasta incinta per tre mesi, poi... aborto spontaneo. [...] Ho avuto un aborto spontaneo... e la crisi è diventata di nuovo più forte, più forte, ero anche depressa... [Sospira]. Però dopo l'aborto sono rimasta a letto quaranta giorni perché era durissima, ero da sola, nessuno, aspettavo

che viene mio marito dal lavoro, non ce la facevo di andare, di camminare.
[...] E' stata durissima, quando mi sono ripresa un po', non tanto, sai non è
facile, per riprendere a pensare volevo andare giù, basta non volevo più stare
qua, è dura. Per Fatma ripercorrere quei momenti diviene qualcosa
di molto angosciante ed estenuante, le lacrime rivelano la sua
grande sofferenza. *Sono arrivate le ferie e siamo andati... no non siamo*
andati, erano già passate le ferie, sono rimasta due anni qui senza tornare
giù. Più che la possibilità, avevo anche paura di andare e non tornare. Se
andavo da sola non tornavo più...

Ma che lotta...

Sì una lotta con me e con me stessa. Dura, dura... Allora niente, dopo
mi sono ripresa un po' e lì ho cercato di lavorare e non ho trovato niente.
Allora sono andata alla CGIL e ho conosciuto la signora Gianna, non so se
tu la conosci?

No io sono stata alla CISL a fare il tirocinio.

E ho conosciuto quella signora, che le ho raccontato la mia storia, tutto,
e anche lei mi ha detto: "Mi dispiace che cerchi un lavoro, io ti auguro un
lavoro prossimo onesto, grande, che ti dia valore", e ho infatti collaborato con
lei, con CGIL, con il comune di Verona, con il volontariato, come
volontaria. C'erano anche tante famiglie che hanno difficoltà di lingua, non
sapevano parlare, ho fatto la mediatrice, ma ti parlo di tempo fa, prima del
'97.

Secondo te ci sono, o hai percepito, differenze di 'trattamento' fra donne immigrate ed uomini immigrati?

Io sono andata a cercare lavoro sì, un uomo può trovare, non so. Sono stata sfortunata a dirti la verità, ed anche [sorride] *forse la mia fisionomia. Non dico di male, insomma io sono...*

Fisionomia, cioè?

Forse il mio aspetto [e sorride]. Mi riporta un fatto accadutole che vuole essere la spiegazione alla mia domanda. *Forse il mio aspetto: perché un giorno sono andata a cercare un lavoro, il signore che mi ha... In una ditta di cucine grande, io sono andata a cercare e sapevo che questo fa esportazione anche in Francia, io so la lingua araba e il francese, e lui mi ha detto: "Sì che ce l'ho il lavoro per te, come segretaria", io sono stata contenta. Poi è venuto suo figlio, siccome sono soci, ha portato una ragazza, una segretaria, è entrata perché è raccomandata, è la morosa di suo figlio non so, e lui dopo mi ha detto:* [parla sempre del signore] *"Mi dispiace c'è lavoro di pulizia, ma io non voglio dartelo non sei fatta per la pulizia, scusa non voglio dartelo", hai capito come è il discorso. E' quello l'aspetto che voglio dirti, non so forse io ho portato il curriculum mio. [...] Comunque forse la possibilità per i maschi immigrati è di più rispetto alle donne immigrate.*

Poi hai fatto la mediatrice culturale, dopo l'esperienza di volontariato?

Dopo ho fatto il concorso del comune, sono stata promossa insomma. Nel corso mi è stato proposto di fare la mediatrice culturale per la Clinica

Transculturale di Sommacampagna, che è un centro di psicologi che fanno la consulenza a famiglie in disagio, bambini e ragazzi in disagio di apprendimento scolastico ed anche problematiche familiari. Da lì ho iniziato a collaborare con la Clinica Transculturale, sono contenta fino ad adesso che collaboro con loro, ti dà soddisfazione. Veramente entrare nella mediazione a me, sto facendo sacrifici per starci perché non voglio più andare indietro, è una cosa riconosciuta, ti dà un valore anche a livello personale sì. Lavoro con insegnanti con istruzione, con centri, hai capito, ti senti, ti riconosci la tua persona. Ho collaborato anche con l'U.L.S.S. 22, conosci qualcuno lì?

No, non conosco nessuno.

Prima di entrare nella Clinica Transculturale, lavoravo con una signora, e questa persona qua si è comportata male con me. [...] Per Fatma il comportamento utilizzato da quella donna nei suoi confronti è una discriminazione. *Anche qua sento una discriminazione proprio, perché per un'italiana non avrebbe fatto questo, no. Ma anche questa: mi dà fastidio che anche lei sta cercando di risolvere i problemi degli immigrati, e se la prende con me che sono immigrata, che anche faccio per l'immigrazione insomma, hai capito. E allora questo mi ha pesato molto, fino adesso sono dipendente dell'U.L.S.S., ma non posso collaborare con loro, posso sempre solo collaborare con la Clinica, ma tu pensi che questo è ragionevole? E' un'ingiustizia assurda, io non volevo creare, fare i casini, io non volevo problemi sai. Se voglio andare più avanti faccio una denuncia capito, però cosa fai... alla fine, adesso mi accontento così.*

<u>Speriamo che nell'ambito della mediazione tu possa trovare un lavoro più solido e continuativo.</u>

Come ti dico, sto riservando solo il posto perché non è facile, ti stavo dicendo anche che è dura. Ma è dura anche adesso sai, la mediazione non risolve i problemi proprio, risolve i problemi proprio che noi non abbiamo potuto... è un'opportunità ben grande. Quando penso a quando sono arrivata qua, anche dopo l'aborto ad esempio, se c'era una mediatrice che mi sosteneva in quel momento lì, sarei proprio contentissima, hai capito?

<u>Certo non saresti stata da sola.</u>

Brava. Beati a questi immigrati che hanno l'opportunità di avere i mediatori, questo io sono contentissima per loro, perché so cosa vuol dire emigrare da solo, anzi io avevo anche la lingua, l'italiano lo conoscevo. Altri che vengono senza una parola, anche non scolarizzati, pensa di trovarti ad un livello dal basso all'alto, non proprio di lingua: a livello economico, a livello istruzione, a livello culturale, a livello anche di sviluppo, hai capito cosa voglio dire. [...] Qualche volta ci chiamano, ma non sai se sei pagata o no, però lo fai lo stesso, perché voglio mantenere il posto. Fatma mi ripete quanto sia difficile vivere qui, perché spesso bisogna combattere per ogni cosa. *E' dura anche per l'economia sai... Insomma è meglio di altri, però il problema che c'è, io ho notato sempre che... io quando ero al mio Paese non combatto, non stavo combattendo per riconoscere chi sono, hai capito, per darmi la posizione. Io sono conosciuta in mio Paese, ho studiato, ho un diploma, sono la segretaria, sono la figlia di questa famiglia, hai capito. Ma qui devi combattere, ci sono muri che devi sbattere per arrivare a presentarti come persona solo, venuta da un Paese. [...] Ma sono venuta, ho lasciato tante tracce, buone posizioni, tutte positive, tutto per amore, non sono venuta alla ricerca di qualcosa. Sono fregata, hai capito, ma per chi?...* Poi mi dice che indietro ora non può tornare, ha dei figli. *Io ho scelto la mia scelta, sono contenta con i miei figli, combatto per loro, prima di avere i bambini potevo andare indietro, quando ho avuto la bambina non posso più, però son contenta per loro. Però non ci aiuta, la gente non ci aiuta a dimenticare, ad abbellire più il futuro, rimani sempre con il passato più bello del presente, più bello del futuro, hai capito. [...] Cosa trovi qui in questa vita qui? Intanto sei l'immigrata, la straniera, hai capito. Non pensi mai al passato, non pensi proprio: "Ah là era più bello" no, superato, fa parte della mia vita, anche qua è bello, ti fanno dimenticare le cose capito.*

<u>Hai nostalgia dei tuoi luoghi?</u>

Ho cercato di fare un salotto marocchino per stare sempre nel... a parte che è più comodo questo: ti sdrai. Da mangiare facciamo un po' marocchino, un po' italiano... I luoghi... mi dispiace casa nostra...

<u>Tu dove vivevi?</u>

A Casablanca. Mi dispiace perché i luoghi che avevo... Avevamo sopra e giù, la mia cameretta era vicino alla cameretta del mio papà e vicino al salotto grande sai. E rimanevo quasi da sola lì, da sola, era casa mia, nel mio regno [ride], *mio papà, la mia mamma, tutti. E mi manca anche questo spazio, mi manca. [...] La nostalgia che mi rimane, che mi dispiace anche tanto è... non so come dirlo in italiano... quando si fa la preghiera, la voce della moschea che dice:* [prima lo pronuncia nella sua lingua] *"Dio è grande", l'inizio della preghiera insomma. Questa...* [sospira] *aprivo la mia finestrina piccola, che era vicina alla moschea, questo mi dà... sentivo la preghiera proprio, mi manca molto questo. Anche qualche volta sai* [sorride]... [sembra imbarazzata]... *non mi ricordo quello che volevo dirti.*

Stavi parlando della moschea, dell'atmosfera che ti avvolgeva...

Della moschea. Qua ad esempio si vedeva una collina qua [mi indica di guardare dalla finestra], *adesso con le costruzioni non la vedo più, su questa collina c'è una chiesetta, quando fanno le feste, fanno le luci attorno, io quando mi siedo qua vedo proprio, immaginavo che sia la moschea proprio, hai capito.* [Sorride] *No non mi credi, non mi crederai?*

Ma no ti credo.

Rimango fissa, fissa finché mi viene anche l'ascolto del suono che sentivo, sono anche... della mia religione musulmana.

Qui dove vai a pregare?

Noi, ci sono cinque preghiere che si fanno al giorno, puoi farle anche a casa, Venerdì c'è il giorno sacro puoi andare alla moschea, ci vado qualche volta, quando c'è la possibilità.

Abbi pazienza te ne faccio ancora poche. Fai parte di alcune associazioni?

Sì tante.

<u>Sono donne del tuo stesso Paese, oppure donne provenienti da altri Paesi, oppure donne locali e donne immigrate?</u>

C'è un'associazione di donne italiane e straniere, l'Ishtar.

<u>Sì ho sentito di questa associazione.</u>

Poi un'altra di mediatrici, di mediatori, che sta nascendo. Poi sono andata ai primi incontri dell'associazione Terra dei Popoli, poi non sono andata fino alla fine, sono andata volentieri, pero sai ho anche due bambini e faccio sacrifici per assistere a tutto, però qualche volta non ce la faccio ad andare, sai con due figli non è facile.

<u>L'ultima domanda e poi ti lascio preparare il pranzo. Se tu potessi inventare una città in cui persone di diversa provenienza geografica vi si potessero stabilire come te la immagini?</u>

Mamma mia magari [ride]. *Mamma mia magari, non so. Comunque da casa mia al mare c'erano due chilometri e mezzo, questo mi manca moltissimo, andavo a piedi, camminata al mattino e camminata la sera, al mare ci tuffiamo poi nuotiamo, immagina cosa ho lasciato. Allora la prima cosa il mare, farei il mare proprio una città, farei il mare per viverci e per divertimento, sono di segno pesci quindi senza l'acqua non posso vivere* [sorride]. *Una città con il mare, una città con una scuola.*

<u>E come te la immagini questa scuola?</u>

Una scuola per i miei bambini dove possono imparare il francese, l'arabo, l'arabo prima e francese poi, perché quando torniamo in Marocco possano anche comunicare con gli altri... E poi una moschea senz'altro: la

mia religione, e poi un parco gioco grande grande perché così si divertono i
bambini.

Poi per lei è giunta l'ora di preparare il pranzo perché fra pochissimo ritorna il marito dal lavoro. Come già ebbi a dire all'inizio di questo paragrafo l'intervista è stata alquanto faticosa: per me riuscire ad ascoltarla e sostenerla nei momenti in cui Fatma era molto coinvolta, e per lei, credo, che rievocare certi ricordi sia stato piuttosto estenuante. Fatma è riuscita anche a rendere l'intervista piacevole, all'insegna della musica e sorseggiando un tè marocchino. Verso la fine dell'intervista mi ha rivelato il perché avrebbe voluto avere la duplicazione della cassetta: ultimamente sta scrivendo una specie di diario in cui annota quanto le accade: i suoi sogni, le sue delusioni ed amarezze, ciò che ha a che fare con il suo essere più intimo. In questa intervista potrebbe scovare qualcosa da aggiungere a questo suo diario. Quindi mi accomiato da lei, con l'impegno da parte mia di portarle entro due o tre settimane la duplicazione della registrazione.

Elisabeta

La trascrizione dell'intervista ad Elisabeta si è rivelata piuttosto lunga, sebbene le domande erano simili a quelle che ho posto a tutte le altre donne. Ella parla in maniera fluente e veloce, ecco il perché di tanto materiale raccolto.

Elisabeta proviene dall'Albania, ha 24 anni, nubile, titolo di studio: Perito Agro Tecnico.

Mi sono diplomata in Italia, a Roma con sessanta, cioè la votazione finale in: Perito Agro Tecnico, all'Istituto Professionale per l'Agricoltura e l'Ambiente a Latina.

Tu sei dell'Albania, e che zona precisamente?

Sono una quarantina di chilometri a Nord di Tirana, a Laç.

Quando sei arrivata in Italia?

Sono arrivata... adesso mi prendi un po' alla sprovvista. Cioè mi sono iscritta alle superiori nel '92-'93 qui in Italia, invece a Verona sono arrivata nel '98-'99.

Ma in Albania che scuole avevi fatto?

Ho fatto le elementari e le medie, che sono comunque obbligatorie da noi, normali, e avevo fatto il primo anno di superiori già in Albania. Ed avevo partecipato ad un concorso che c'era uno scambio per gli alunni più meritevoli che avevano tutti dieci a scuola e tutto quanto, e c'erano delle borse di studio che venivano fatte per quanto riguardava le tasse ed il vitto-alloggio, il vitto alloggio e basta, il resto lo pagavano i miei.

Quindi tu sei arrivata, hai fatto le superiori e sapevi già parlare la lingua?

Sì perché io ho avuto mia zia che è insegnante di inglese ed anche interprete di inglese, ho iniziato che avevo otto anni con lei, e poi dopo, siccome mia mamma è Prof anche lei delle superiori, tramite colleghi ed amici di famiglia ho sempre avuto lezioni private da quando ero piccolissima: italiano, francese, inglese.

Perché hai scelto di emigrare e di giungere proprio in Italia?

Non è che c'è un motivo ben preciso e non era l'Italia la meta. Cioè nel senso: da quando ero piccolissima che avevo nove anni quando ho iniziato le lingue, siccome mia zia è sempre stata a contatto con americani, inglesi, io amavo le lingue, le lingue straniere. Una questione proprio di laringe. [...] Difatti ho fatto il diploma internazionale di inglese e l'ho preso in Albania. Elisabeta si sofferma a rievocare gli avvenimenti e il mutamento causato dalla caduta del muro di Berlino e dalle novità apportate. *Avevo fatto il primo anno delle superiori, fatalità il mio primo anno delle superiori ha coinciso nel '90-'91 con la caduta del muro di Berlino. Quindi la caduta del regime comunista dittatoriale di tutti i Paesi dell'Est, chi più traumatico chi meno, ehm… dopodiché il primo anno delle superiori era diventato un incubo. [...] Arrivi ad un certo punto dove viene aperto tutto, quindi non è più la roccaforte, cadono tutti i valori, cade tutto quello che ti hanno insegnato da quando hai tre quattro anni fino a quando non arrivi a quattordici quindici che bene o male ti stai anche formando e crescendo, sei agli inizi dell'adolescenza. I miei, mia mamma siccome anche lei si è laureata con il massimo dei voti, ha sempre voluto, visto questa cosa qui della capacità delle lingue, ha sempre voluto che potessi andare all'estero per poterle perfezionare. [...] Era estate, dovevo iscrivermi al secondo anno delle superiori e vien fuori questo bando che venivano offerte quattro borse di studio per la mia città, da questa città dal preside di questa scuola. In quel periodo tra l'altro c'è stato un bel flusso di borse di studio che venivano date a questi studenti.* Per Elisabeta il fatto di essere qua in Italia da dieci anni le ha portato un notevole cambiamento, tanto di lei si è formato in Italia. *Per dirti, se io adesso ritorno ho molte poche cose in comune con quelli che sono della mia stessa età, ossia i miei amici, come li ho lasciato alle medie, perché hanno preso vie completamente diverse: loro sono cresciuti in Albania, io son cresciuta in Italia. Quindi il mio carattere, la mia personalità si è formata in Italia, qui ho assorbito talmente tanto, e questa è una variabile che in conto – penso – sia io che i miei non avevamo messo.* Elisabeta mi manifesta apertamente che il suo futuro non sa se lo vivrà in Albania oppure in Italia o in altre parti del mondo. *Perché tante volte mi viene fatta la domanda: "Ma tu ritorni dopo?" E ti dirò: fino al primo anno dell'Università ero convintissima.* [...] *Solo che con il passare del tempo, quando fai le cose in concreto, segui gli esami e tutto quanto, c'è la vita e va vissuta ogni giorno, arrivi ad un certo punto e senti che i legami si sono affievoliti a tal punto che andrei a visitare come andrei a visitare le mie amiche in Irlanda, andrei a visitare un altro in Spagna, per cui non sento più la cosa del Paese d'origine. A volte però, sono quegli stati d'animo che dici: "Oddio mi sento sradicata", perché effettivamente ho fatto quattordici anni in Albania e ne ho fatto dieci in Italia, e sono venuta troppo piccola. Per esempio mio fratello studia in America e si è laureato in America, e sta facendo tuttora il Master in America, però lui è andato a venti anni, e lì il discorso era diverso.* Poi ritorna agli anni in cui è giunta in Italia, anche se non era la sua meta, perché lei voleva iscriversi ad Oxford e proseguire là gli studi, ed in effetti là era stata ammessa, ma per problemi burocratici ha dovuto rinunciarvi. *Il primo anno si fa piangendo, cioè il primo anno a Roma ho fatto così, perché non...* [...] *Quindi all'inizio è stato così, dopo man mano a livello di studi mi sono trovata un gran bene, e visto che mi sono diplomata con sessanta voglio andare in Inghilterra, solo che il discorso Inghilterra era un anno dopo, cioè nel senso che tu devi fare la domanda un anno a priori. Mi hanno scelta ad Oxford, sono stata ammessa e tutto, lì ho avuto una delusione fortissima perché i miei documenti, c'erano questi casini qui di poste, di burocrazia che c'è da noi o anche metti un po' l'Italia, perché anche qui c'è.* Il discorso cade poi sulla questione Università a Verona, la cui scelta le è stata dettata anche da una sua amica albanese. *La mia amica doveva venire a Verona, quella che si era diplomata con me e visto che aveva fatto le superiori in Italia non aveva senso che adesso tornava a casa e faceva l'Università a Tirana. Avevamo fatto tutto insieme, e non aveva senso interrompere.* [Ora] *non ho idee chiare se devo rimanere, se rimango, se vado via. E non ti so dire neanche che è dovuto al fatto di un lavoro o meno.* Mi dice che solo in certe occasioni si sente straniera. *Comunque sono... il punto è che non mi sento per niente straniera, mi sento straniera solo in determinati momenti...*

<u>Tipo?</u>

Quando mi presentano... e la prima cosa che sento in assoluto è: "Impossibile perché parli molto bene l'italiano", ma la mia è una questione di dote, di lingua e basta.

<u>Difatti parli l'italiano in modo molto fluente.</u>

Va beh ma sono anche dieci anni però, e non sono dieci anni di lavoro e basta, tipo in cantiere, in fabbrica, allora va beh, bene o male è un linguaggio limitato, son dieci anni di star sui libri. [...] *E' il desiderio fondamentalmente di inserirti o meno, e poi il fatto anche di esserti trovata bene.* Elisabeta mi segnala che, oltre a sentirsi straniera quando viene presentata a qualcuno, l'altro momento che le rammenta ciò è quando si reca in Questura. *Poi si tratta di carte, quando devo fare la fila per il permesso di soggiorno, che mi sta qua. Sì perché dico è una questione di organizzazione e non vedo per quale motivo, è un po' una discriminazione metterla così, lo so anch'io dal punto di vista umano, però è talmente strano che devi mettere le persone che sono in sanatoria, che li devi, praticamente mettere in regola mentre sono venuti con uno scafo o da qualsiasi parte del mondo e poi sono venuti in modo completamente irregolari. [...] Svegliarmi alle cinque del mattino per far la fila se no il mio numero va e dopo... La cosa che noto, quando ci vado, ci sono, li riconoscono subito a quanto pare perché hanno un'esperienza molto vasta in ciò, gli facciamo la stessa domanda io e un altro tipo, bo non so di dove fosse, forse arabo, a lui risponde malissimo e l'ha trattato come fosse l'ultima ruota del carro, gli faccio la stessa identica domanda, mi guarda e mi fa: "Comunque signorina se lei vuole vada a casa e stia un'ora e poi ritorni", comunque molto gentilissimo. Siamo nella stessa condizione, però io vengo trattata in un modo, non so per quale motivo sia dovuto.* Poi altra situazione in cui ha avuto problemi riguarda il progetto di scambi internazionali per studenti denominato Erasmus. *Un altro momento proprio che ho sofferto è stato quello dell'Erasmus.*

Cioè?

Dal momento che c'è scritto che possono andare in Erasmus tutti, anche gli studenti stranieri, l'importante che tu sei iscritta all'Università di Verona e sei parificata agli altri, cioè non è importante la cittadinanza, solo che non c'è scritto... devono, l'unico requisito che devono avere è che devono aver soggiornato cinque anni regolarmente nel territorio dello stato, io ne ho soggiornato dieci, quindi dico ok. Però tu la vinci, per l'Università tu la vinci, fai tutto quanto, poi ti dicono: "Auguri, fai l'Ambasciata, fai le tue cose". Poi tu chiami l'Ambasciata e ti dicono: "No signorina lei non può mica farlo", o anche in Questura, perché ti ci vuole non il permesso di soggiorno, ma la carta di soggiorno. Ma quale è la differenza dal momento che non lo so? Carta di soggiorno è quando tu sei per motivi di lavoro o di studio, ma hai la residenza, ma io non ho la residenza in Italia perché non l'ho mai fatta quando sono venuta a Verona. A Roma non l'ho fatta perché ero lì per motivi di studio quindi dopo le superiori avevo un contratto e dovevo comunque tornare a casa, decidevo io dove fare l'Università, lì era determinato per quattro anni, anche qui è determinato per quattro anni, una volta che mi scade il mio permesso di soggiorno, che mi sono laureata, il giorno in cui mi laureo se coincide con quello del permesso di soggiorno, io — teoricamente — dovrei tornare nel mio Paese. [...] E allora io dico: "Queste cose non potete scriverle subito sul bando, senza che uno si strazi e si faccia male?" [...] Sono questi i momenti in cui praticamente mi sento un po' straniera, qui da un punto di vista negativo perché ti preclude certe cose: tipo in Inghilterra non potrei andare perché non fa parte dello Schengen e mi servirebbe il visto. Invece dice Elisabeta suo fratello che vive in America non vive queste situazioni così problematiche. *Ad esempio mio fratello che è in America non esistono i motivi, non esiste una carta di soggiorno o una residenza per motivi di lavoro, tu non sei cittadino americano, una volta che tu hai finito i motivi per cui dovresti stare, devi tornare a casa. Praticamente nessuno torna perché in America c'è l'altra cosa che c'è la legge della privacy; mio fratello viene assunto, è psicologo del distretto e non si sa la sua nazionalità, non si sa perché se poco poco glielo chiedono, nel curriculum non si mette, se poco poco glielo chiedono lui li può*

denunciare per mancanza di privacy. [...] Penso di essere stata un po'
esauriente.

Sì sì probabilmente mi hai risposto anche a tante altre
domande, comunque io te le faccio ugualmente, e se vuoi
aggiungere qualcosa fallo oppure ok proseguiremo.

Sai non riuscivo mica a farti un riassunto...

Non preoccuparti. Cosa ha comportato per te questa scelta:
nel tuo luogo di partenza e nel luogo d'arrivo? Il fatto di venire
via cosa ha comportato, come ti sei sentita?

Uno sradicamento più che altro. Cioè uno sradicamento a livello di
tipo... me ne accorgo più volte per esempio: io insegno inglese, ho trovato
quell'occasione lì e mi sono trovata un gran bene, sono due anni che lavoro lì.
E la cosa che mi son posta, ne parlavo con una mia collega due settimane fa,
se io dovessi insegnare l'albanese non sarei capace, no perché il mio albanese è
rimasto agli otto anni di scuola e basta. Invece l'inglese e l'italiano ed anche il
francese sono le lingue che io ho coltivato. Qui ci può essere un errore di
partenza perché dici, per esempio: se io fossi nei miei, i miei figli non gli darei
la possibilità, loro hanno voluto darmela, ma io non gli darei la possibilità
così presto, perché se no non hai più il legame con il Paese d'origine. E per
lei è importante ritornare ogni tanto nel proprio Paese, per
sentirsi parte di, e per fare il punto della situazione della sua vita.
Ho bisogno urgente di andarci perché devo rinnovare un attimo, perché è una
cosa che serve a me come persona, per sapere dove sto andando. Non tanto la
meta fissa, perché sei sempre in movimento. [...] Il discorso è di sapere da

dove vieni e quale è la cosa che ti contraddistingue di tuo, in me manca, col tempo proprio non c'è più. C'è gran poco, forse fino a due tre anni fa potevo aver qualche carattere tipico, parlo di carattere, di modo di fare.

E ti dispiace questa cosa oppure...

Io sto bene con me tanto, e quindi, e sono in grado di farti le differenze di entrambe le cose, cioè è che dentro non le sento più, prima le sentivo. Elisabeta mi ribadisce nuovamente che lei ha assorbito molto dal nuovo ambiente, l'Italia, proprio perché è giunta qui molto giovane. *Bo l'ambiente fa tanto, quello che ho potuto sulla mia pelle constatare, fa tanto proprio tanto, cioè tipo mandar mia figlia a quindici anni in Francia, anche se la vedo ogni anno; prendi mio fratello da quando è in America: è una persona molto più dolce di carattere di me, anzi io ero la peste di casa, lui dolcissimo, buonissimo, a livello di carattere siamo rimasti quelli che eravamo, a livelli di comportamenti sono più cara adesso io ai miei che mio fratello, ha assunto quello che è il modo di fare americano: di correre, che è di computer, è di impegno di qua e impegno di là, la carta di credito. Ha una mentalità diversa.* [...] *Bo ci sono vari cambiamenti in ogni persona, tutti quelli che si spostano dopo un po' cambiano, e perdi, per forza... Almeno per quello che ho potuto vedere io, perché ho conosciuto tanta tanta gente che prima o poi qualcosa ha cambiato. I miei hanno voluto per me questo e alla fine sia per me che per mio fratello questo è stato.* Elisabeta accenna anche alle cose positive avute da questa esperienza di emigrazione. *Anzi a me ha migliorato perché ero molto cocca e molto viziata in casa, stando da sola ho dovuto imparare come si fa a farsi da mangiare, come si fa la spesa che per me era un dramma. Queste cose qui le hanno sempre fatte mamma e papà, in più ho cominciato a lavorare, quindi anche l'ambiente lavoro, penso di essere cresciuta molto più in fretta di quel che sarei cresciuta a casa. Quindi personalmente non può che avermi dato, e in più comunque di avermi tirato fuori una parte più sensibile nei confronti delle piaghe sociali, che a casa non le avrei notate neanche, almeno per il tipo di cerchia che hanno i miei di famiglia, amici e roba del genere. Non mi dispiace di essere venuta all'estero, per niente, anzi son contenta perché... cioè devi valutare dalla situazione relativa di ognuno, l'Albania non ti dà la possibilità di arrivare dove vuoi arrivare, sei bloccata, è ancora classista.*

Mentre qua tu dici hai più possibilità?

C'è sempre il classismo ovunque, anzi Verona, prima di venir qui il mio Prof d'italiano mi diceva: "Ti sei scelta la città più razzista e più localista di tutta l'Italia!", io gli ho detto: "Prof non mi interessa". La cosa che mi ha colpito è che a Verona c'è poca burocrazia.

Dici?

Vai a Roma: se ti dicono che entri il primo di Ottobre in un appartamento, hai diritto ad usufruire di questo appartamento il primo di Ottobre, tu prendi le chiavi il primo di Gennaio, questo è successo alla mia amica, quella che è venuta con me. [...] L'impressione che mi ha fatto Verona è buona e mi trovo un gran bene. Anche se ha questa mentalità, o perlomeno ha la fama di essere una città localista e un po' chiusa.

Cosa hai portato con te nella tua valigia?

La mia mamma mi ha dato, mi aveva dato la bandierina piccola, quella di seta e quella ce l'ho ancora, ce l'ho dentro la valigia quindi è rimasta lì, non mi sembra il caso di prenderla ed attaccarla al muro. Non mi dice, questa cosa qui mi sembra bo, mi sembra un segno molto di nazionalismo, una cosa che a me manca del tutto. Mi manca come persona, non sono proprio patriota per nessun Stato. Elisabeta mi porta a conoscenza dei suoi oggetti, simboli a lei più cari, che per l'appunto le ricordano casa sua. *Poi mi aveva dato* [parla di sua mamma] *una statuetta dell'eroe nazionale, purtroppo l'ho rotta, quindi niente, e questi a livello proprio di simboli di casa. Poi tutte le cose che noi, siccome mia mamma ama cucire, farmi le cose tipo: le vestagliette, me le ha fatte lei e le porto e le uso tuttora, è una cosa che proprio mi ricorda ogni volta casa.* Con il trascorrere del tempo lontana dalla sua Terra, Elisabeta colleziona sempre più oggetti che in qualche modo la riportano là. *Questo era l'inizio, poi ogni volta d'estate mi dà... ah, io ho la mensola piena di cianfrusaglie, non è solo la classica cosa delle ragazze di prendere pupazzetti e mille robette, è che io se sto via dalla mia stanza, come è capitato di andar via col moroso per tre giorni, se non torno a casa mia a vedere quelle robe lì mi manca qualcosa. Devo avere almeno una cianfrusaglia che mi evochi qualcosa, sì perché è il fatto di chi, penso che sia un'esigenza di chi sta fuori, all'estero. Qualcosa che ti ricordi da dove vieni, dove stai andando, e ti serve, anche a livello semplicemente di sensazione immediata e basta che finisce lì e non ricordi niente altro, ed è per forza così perché se no non vai avanti, ti attacchi alla nostalgia e non vai avanti e non riesci a far le tue cose. Però ho bisogno di quella roba lì sempre.* Mi riconferma che non è proprio nazionalista, ma gli oggetti sono qualcosa che la tengono legata a livello di affetti, le cose per lei veramente importanti. *Quindi è una questione proprio che non mi è mai interessato a livello di Stato, anche perché non sono venuta per motivi di lavoro o perché stavo male a casa mia economicamente, anzi l'anno da quando ho deciso di mettermi in proprio e di far l'indipendente è l'anno in cui ho sofferto di più, mentre quando mi mantenevano mamma e papi era più facile, però mi stressavano un po' di più per gli esami.*

<u>Giunta in un luogo nuovo come ti sei sentita? Hai notato alcune differenze fra Roma e Verona?</u>

I primi mesi qui non mi sono piaciuti. Intanto lì è una questione semplicemente soggettiva proprio, sono scesa parlavano romano. "Ma dove son capitata", e non lo sapevo ovviamente, ed è stato il primo impatto. Poi dopo c'è stato l'impatto appartamento, ho avuto un modo brusco di conoscere Verona se è per quello. Sono capitata subito in un appartamento ESU, e non è come quando prendi un appartamento privato con la tua amica, volevamo quello, solo che non siamo riuscite a trovare quello che era conveniente, è difficile anche adesso quando cerchiamo casa, pensa quando sono appena arrivata. L'impatto è stato violento proprio: gente di Mantova, di Padova... o comunque all'inizio. Ma l'impatto violento penso che a me sia rimasto perché non sopporto molto vivere in un appartamento con tante persone che io non conosco, comunque devi conviverci. [...] Lavoro per potermi mantenere e per permettermi certi tipi di viaggi, per potermi permettere

determinate cose tipo, non so: andare alle mostre che sono i miei interessi
personali e quelli vanno coltivati, almeno per me, per il resto... A parte che
comunque l'ultimo anno ho dovuto pagare tutto, per cui il lavoro è diventato
essenziale, e quando lavori e anche studi insieme e ti trovi un appartamento
con tanta gente, a me non piace neanche adesso dopo quattro anni, per
quanto mi trovo bene a Verona. Ricorda anche che spesso le avevano
detto che avrebbe faticato a trovare amici a Verona. *E quindi lì ho*
avuto il primo impatto, e mi dicevano anche che non riuscirai mai a conoscere
una persona veronese, questo era quello che mi dicevano. Perché nel senso che
son chiusi, così cosà, ma non sarà il mio caso, però anche per parecchi altri,
ho notato. [...] Quindi che frequento prevalentemente, con cui esco, con cui
faccio questo e quell'altro, almeno di quelli che ho conosciuto in questi anni
qui sono tutti di Verona e mi trovo veramente bene.

<u>Quando pensi al tuo futuro: dove e come te lo vedi?</u>

Più volte faccio questi pensieri, ad un certo punto ti ricredi proprio da
quello che ti capita, non parto mai a priori per dirti questo o quell'altro,
perché so benissimo che dopo l'Università vorrei andare in ogni caso in
Inghilterra perché mi è rimasta qui: per fare il Master, va a finire che non ci
riesco per motivi di carte, o per motivi economici o per una cosa o un'altra va
a finire che mi trovo un lavoro e rimango a Verona, posso essere a Bologna,
posso essere a Milano, come posso tornare a casa mia perché metti che i miei,
uno dei due sta male, che Dio non voglio. [...] So dirti fino al giorno in cui
mi laureo, perché lì le cose son previste fin dal primo giorno che vieni in
Italia.

Secondo te ci sono, o hai percepito, differenze di 'trattamento' fra uomini immigrati e donne immigrate?

Dipende anche dalla nazionalità sai. Io sulla mia persona no mai. Ho percepito altre cose, tipo, non so: trattamenti diversi tra gli italiani e gli stranieri, quello sì ma è ovvio che sia così, sarebbe così anche in Albania, così in Francia, così ovunque. Ma tra uomini e donne no non mi risulta, tranne la cosa che se sei una donna... vista la grande 'Tratta delle Bianche' che è abbastanza espanso come fenomeno, tante volte puoi essere concepita in quel modo lì, però lì dipende anche tanto dall'abbigliamento, secondo me almeno, da come parli, da appena apri bocca.

Tu dici che invece a livello di nazionalità ci sono differenze di trattamento?

Sì sì. Esempio quello dell'Erasmus che ti ho già detto... Agli esami non l'ho mai notato, anzi mi hanno fatto i complimenti... Anche perché ho comunque un ambito abbastanza limitato se è per quello, cioè non ho un ambito lavorativo, sono insegnante, ho i miei alunni privati. Ma anche gli altri lavori che ho trovato per dirti, ho lavorato anche in un museo, ma mi sono sempre trovata bene e mi hanno detto: "Complimenti per le cose che hai fatto, le varie credenziali", ma questo è merito dei miei che mi hanno fatto far tanto prima di venire qua.

La domanda che ti pongo ora ha già avuto parzialmente una risposta durante il percorso effettuato fino a questo punto, ma

puoi, ulteriormente, aggiungere altro, se vuoi. Quali sono i vantaggi e gli svantaggi che puoi trarre da questa esperienza?

Vantaggi tanti, che dico in genere i vantaggi sono desumibili da soli. Chi viene da un Paese che ha una struttura istituzionale, così anche una parte economica molto più debole rispetto al posto dove vai, ti dà tanto. Non economicamente perché i soldi non ti piovono dal cielo, e anche le strutture non ti danno quello che tu vuoi se tu non lo richiede, però a livello di, proprio di formazione della persona, questo sì. Elisabeta ribatte − forse per ripeterlo a se stessa più che a me − che lei ha acquisito più sicurezza in sé. *A me personalmente, te l'avevo detto prima del vantaggio che è quello di essere molto più matura, di essere molto più sicura di me stessa, dal punto di vista personale mi ha dato tanto, e anche di aver avuto la possibilità di conoscere determinate cose che al mio Paese − son sicura − non avrei avuto modo. Perché c'è un Paese, è un Paese che è più a rischio per tanti versi, quindi sei anche molto più limitata nei movimenti che fai.*

Quali sono gli svantaggi?

Mi ha fatto perdere un po'... Cioè avrei preferito essere nata in un posto e rimasta lì per poter fare, e conoscere vari posti, però nel mio caso non era possibile perché non puoi muoverti senza carte. E quindi per poter conoscere di più dell'estero o di tutto quello che vorresti sapere, che dal tuo Paese non riesci ad accedere, devi per forza fare delle carte e spostarti a lungo termine. Per me è uno svantaggio, perché ci son, è pur vero che non sono patriota, ma ci tengo troppo alle cose tradizionali, tipo io in America non riuscirei mai, come mio fratello, è uno sradicamento totale che ti dicono di dove sei, sono europea. Cioè per loro Europa è Europa, non è che sei italiano, sei francese, spagnolo, a me se mi dice americano ti dico: "Di dove?" Non è la stessa cosa se sei di Los Angeles, se sei del Connecticut o di Michigan, sono cose diverse, per loro è un po' più... Elisabeta oltre al percepire lo sradicamento dal proprio Paese, avverte, a volte, una sensazione di malinconia. *Sì forse malinconia però va beh la vivresti comunque, sono cose personali, a livello di sensazioni, cioè nel senso di sentirti più sola tante volte, di sentirti senza bo: la mamma che ti fa la coccolina sulla spalla, sulla testa nel momento un po' così, basta lì e già finisce tipo... ecco quell'appoggio lì manca. Quello lì, ma quello ha i suoi... dipende dai punti di vista, se dice ok ti fa crescere, oppure oddio effettivamente... Servono tanto le coccole. [...] I miei li sento per telefono, anche quando ti confronti con gli altri praticamente: "Mia mamma ha fatto questo, mio papà ha fatto questo, ha fatto la torta stasera", ma anche la mia le fa: le parmigiane e queste cose qui, solo che io non posso averle. E allora sì sono le piccolissime cose che però io le sento, c'è gente che non gliene frega niente.*

Mi hai anticipato sulla prossima domanda. Hai nostalgia dei tuoi luoghi natii?

Oh sì tanto...

Me la potresti descrivere questa nostalgia?

La nostalgia? Io sento nell'aria, ho dei profumi, non lo so. Quando c'è l'estate, per esempio in questo periodo qui io ricordo solo il mare, perché io sono nata vicina al mare quindi ci vado sempre, questo, e a primavera io sento, non so, odore di mare anche quando non c'è, è una cosa mentale penso, e subito e tramite quello è una cosa allucinante, quando ci penso.

E quando hai questi momenti?

Nei momenti difficili, nei momenti difficili perché a casa ero molto coccola e lo sono tuttora: mi portavano il latte liofilizzato anche a vent'anni perché mi piace quindi... cioè per dirti per queste cose qui, allora quelle mi mancano. E soprattutto quando li sento per telefono mi dicono: "Dai che quando vieni ti facciamo questo e quell'altro", nooo io lo vorrei adesso è quello il problema, solo che non posso. [...] Dal punto di vista di sentimenti sì mi costa tanto...

Ma che cos'è che ti fa venire in mente quel profumo particolare?

Ah questo non te lo so dire... E' semplicemente nell'aria, mi ricorda il mare questo... Quella è una cosa che mi segue da sempre, ovunque io vada non ha importanza. Il mare... mi richiama il mare quando io ero al mare con l'ombrellone, con i miei amici, queste cose qui.

E della malinconia, dicevi prima...

E' insita, ormai è diventata parte di me penso. Non ti so risalire ai momenti perché penso di averla rimossa. Cioè risalire a quegli inizi, agli inizi la sentivo tantissimo, anzi dicevo a mia mamma che più si cresce e più la senti...

Parli della malinconia?

No scusa parlavo della nostalgia più la senti, e poi dopo, nel mio caso, si è trasformata bo in qualche tipo di malinconia. [...] Sarà che bo quest'anno sono stata troppo impegnata, non ho avuto neanche proprio il tempo materiale per aver la testa libera per poter pensare, e mi va anche bene, perché se ci penso mi rattristo dopo... Dico no non volevo staccarmi così tanto, non... cioè a volte quando mi capita mi dico: "Tu non vuoi crescere, non vuoi diventare responsabile, prendere le tue responsabilità? No, non subito". Già da quando ho quindici anni che son fuori casa e faccio tutte le cose da sola e dico: "Non voglio mica prendere subito tutte le responsabilità".

Come vivi e percepisci la città in cui sei, risiedi?

Dove sono? Bene, mi sento parte della città, me la sento mia. Ma dipende tutto dal rapporto che hai con le persone, non c'entra niente la città di per sé, le città di per sé sono uguali alla fine.

E con gli abitanti di questa città?

L'unico rapporto brutto che ho avuto, l'ho avuto con il mio ex, l'unica persona e basta.

Poi con gli altri come ti trovi?

Se mi 'rompono le scatole' mi allontano, se mi rompono le scatole ma proprio penso per carattere, tra me e quella persona lì, ma non c'entra a livello di straniera o meno. [...] Fatalità io conosco troppa gente, cioè troppa, nel senso conosco molta gente.

Ti sei trovata subito bene?

Subito no, col tempo, negli ultimi due anni mi butto, non passano due o tre giorni e ci sono già dentro, a livello di ambientarsi, ti lascio il mio numero di telefono, ci chiamiamo dopo sì...

All'inizio è stato faticoso, ma ora ti viene più facile?

Eh sì, ma mi sono data da fare, ho sofferto... [ride]

Cioè, in che senso?

No, nel senso che sto tanto a pensarci alle cose che devo fare per me stessa, tipo a livello di studi, a livello anche di comportamento con altra gente, cioè proprio di poter essere più vera possibile, però senza urtare la sensibilità degli altri, e so che quando sei di un altro Paese puoi benissimo urtare la sensibilità di quelli del posto.

Cioè?

Nel mio Paese, se dovessi essere nel mio Paese risponderei, quando c'è un discorso, sono impulsiva di carattere, quindi se dovesse esserci una discussione su un determinato argomento me la prenderei proprio a sangue caldo, se ci tengo alla parte che io sto sostenendo e l'altra persona mi sta contraddicendo. Impari a rispettare le persone del posto, non solo del posto e mi stanno sulle scatole quelli che dicono su agli italiani. Elisabeta dice di aver proprio modificato il suo modo di porsi nei confronti degli altri. *Non so ho cambiato stile, non sono più dibattito diretto, battibecco, ti faccio le battutine dopo, ti lancio le frecciatine, faccio finta di niente e poi te la lancio comunque. Ho cambiato solo questo, mi è venuto spontaneo, non è perché l'ho voluto o mi sono imposta: deve essere così.* Poi mi riferisce di una discussione avuta con una sua connazionale circa l'arrivo con gli scafi di clandestini. *Quando parlo con questa ragazza (anche lei albanese) le dico: "Tu mi difendi gli scafisti, ma io non posso difenderli dentro di me" perché è una cosa che non concepisco, ma lei ribatte: "Bo non hanno i soldi neanche per mantenere i figli e allora vengono qui". Ma cosa vengono a fare, vengono a trovare lavoro qui? Ok è pur vero che prenderanno un milione al mese, e faranno fatica e litigheranno tra loro, e si meneranno e si picchieranno i genitori, e quei figli piccoli che nasceranno, nasceranno così, e cosa dai ad un bambino che nel giro di sette anni gli si crea la personalità, e in più comunque si sentirà dentro di sé straniero in una terra straniera?* Elisabeta mi svela quanto anche lei, a volte, si senta straniera in Terra straniera, cosa che le arreca sofferenza. *Per quanto sei, io mi sento al cento per cento in una Terra straniera. Le carte che tu hai, i documenti che fanno i tuoi titoli e varie cose, a livello di questo, proprio della situazione formale fuori, tu sei straniero. Tante volte mi capita, non so se è il mio caso, che i miei amici si dimenticano di dove sono, sono le carte che me lo ricordano, ti sembra quasi un neo sulla guancia, invece non è vero, perché io la vivo veramente un gran bene se non ci fossero le carte. Le carte non le sopporto più, diventano un peso dopo un po', nel momento in cui tu ti trovi bene diventano un peso, non noti più la differenza, ma è come per farti capire che tu sei diverso. Il che non è assolutamente vero nella vita sostanziale, è solo sulla carta.*

Sei arrivata in Italia ed hai 'assunto' un comportamento diverso e non te lo sei imposta...

Sì mi è venuto spontaneo, sai è anche una questione di introspezione. Io semplicemente sono di mio una persona che mi apro solo con chi voglio, e tra l'altro anche con chi voglio ci sono dei momenti, sono lunatica, e ci sono dei momenti in cui non ho mica voglia. Questa non è una questione di nazionalità, ma di carattere, ne conosco peggio di me. Ci sono certe cose che però sono talmente tante che a me non mi va di parlare con una persona, il semplice curioso che mi ha fatto una domanda, perché non ho voglia. Quando vengono a sapere che sono dell'Albania, dopo avermi conosciuto, dopo aver avuto il primo impatto con me è diverso il modo in cui si instaura il rapporto, non saprei dirti come. Chi invece parte con dei pregiudizi, e magari ti fa anche la bella faccia lì per lì, ma comunque il pregiudizio ce l'ha e non c'è niente che lo rimuova, che se lo tenga, l'importante è che non mi rompa. [...] Questo mio modo mi ha fatto star bene.

Come vivi il momento politico dell'Italia? E dell'Europa?

Il discorso delle impronte digitali che ho sentito in questi giorni... Non sono ancora in grado di risponderti, perché quando l'ho sentito ho avuto due versioni contrastanti nello stesso istante. Uno che praticamente è come se tu violassi un diritto inviolabile delle persone, ossia di partire già con un pregiudizio che potrebbero essere dei potenziali criminali. L'altro invece è stato quello, forse giusto, perché la criminalità ha raggiunto di quei livelli che una misura di prevenzione non farebbe mica male e risparmierebbe tanta fatica dopo nei giudizi. Però questi sono stati i due pensieri che ho avuto, ma non ho approfondito, sono stata presa per gli esami. Quando l'ho intervistata era ancora un progetto legge non ancora approvato.

<u>A te la cosa preoccupa?</u>

Preoccupata no, non mi sono posta questo interrogativo, adesso che me l'hai posto ci penserò.

<u>Tu hai relazione con altre/altri immigrate/i della tua Terra?</u>

Sì con un paio di ragazze, quelle con cui son partita e basta. Ho amicizie con altri stranieri, ma non del mio stesso Paese, gli stranieri che ho conosciuto sono dell'Erasmus e poi miei colleghi di lavoro, sai insegno in una scuola di lingue.

<u>Tu fai parte di associazioni culturali, interculturali?</u>

No, avevo pensato ma ho lasciato perdere. No perché non sono molto, ma anche a livello di lavoro, a me non piace molto la team, le cose le faccio per conto mio proprio. Anche a livello di studio preferisco tante volte non frequentare e studiare da autodidatta perché approfondisco di più, o prendo comunque quello che mi piace, invece nel gruppo tante volte devi subire anche quello che non ti piace. Il gruppo per lei è qualcosa di limitante, anche sua zia le aveva fatto notare questa cosa. *Ma anche quando studiavo inglese mia zia mi ha tirato fuori dal gruppo perché mi fa: "Se tu rimani nel gruppo ti ammosci".* [...] *Devo fare le cose da sola, con il mio metodo, l'importante che il risultato alla fine te lo do come vorresti, però non puoi assolutamente tracciarmi la via che devo seguire perché la posso cambiare strada facendo, sono abituata così. Il problema si pone quando sei alle dipendenze di qualcuno* [sorride], *fino adesso è andata bene, man mano sto imparando l'elasticità.*

152

<u>Allora tu lavoreresti in un gruppo, oppure…</u>

Se devo far la leader sì, altrimenti no. E' una cosa proprio di carattere, non rendo, cioè proprio non rendo mi rifiuto, è un rifiuto inconscio. [...] In associazione farei polemica tutte le sere, mi avvelenerei l'anima, mi farei odiare da quelli che sono lì, anche se magari dicessi cose giuste.

<u>Prima tu dicevi che comunque questo tuo comportamento, a volte un po' troppo diretto forse, o polemico, l'hai un po' modellato.</u>

Difatti per questo evito anche le associazioni. Ma è una cosa proprio mia, non è nei confronti degli altri, questo per esempio perché lì in quell'ambito lì, cioè nell'ambito del rapporto straniero con il posto dove sei e con le persone del posto è un caso, ma in tutti gli altri casi, per dirti: anche a livello di lavoro, di studio io ho sempre studiato da sola, non ho mai studiato con gente, eppure ho la media alta. Cioè è una cosa mia che poi ovviamente non poteva non riflettersi anche in un ambito di vita diretta, vissuta… è per quello che non mi trovo male.

<u>Però conosci anche molte persone…</u>

Sì ma le conosco tutte a livello uno a uno, poi dopo faccio parte del gruppo. A me piace uscire in gruppo, tantissimo se è per quello, però nel gruppo dopo tu mi vedrai che sono nel mio rapporto interpersonale con uno o al massimo con due persone, e che in vacanza con più di due persone non ci vado. Sono socievolissima se è per quello, ma non mi piacciono le cose fatte tutti insieme, per la solidarietà o facciamo tutti insieme, la grande famiglia, ste robe qui, sarà che ho il rifiuto dell'Albania perché...

Perché?

Sì perché nel comunismo c'è questa idea qui della grande famiglia, tutti uguali, io sono diversa, se tutti tifano quella squadra io tiferò quella diversa, non importa se è quella sfigata. E' solo un discorso, non so devo fare le cose a modo mio, ovunque io sia, non... Sai poi me l'ha insegnato mia mamma da quando ero piccolissima: "Non paragonarti mai con nessuno perché ci sarà sempre uno migliore e uno peggiore di te", quindi piuttosto che sentirti bene, euforica quando ti relazioni con uno che è peggiore di te e ti dici: "Che grande che sono", ti trovi un altro che è superiore a te e ti dici: "Cavoli come sono messa", e lì ti demoralizzi. Allora piuttosto che far dei salti alti e bassi, tu valorizza quello che sai e i limiti che man mano l'esperienza e il tempo e gli altri ti fanno capire. Io comunque non riuscirei mai a vivere da sola, [...] far tutta una vita isolata no no, mi piace proprio mettermi in discussione con gli altri, però a mio modo che non deve essere io davanti al gruppo e il gruppo contro di me, ma io con un altro, uno a uno, deve essere una cosa pari.

E pensando all'Albania pensi di ritornare un giorno o l'altro?

Non ho mai avuto l'idea comunque di andare fuori per fermarmi fuori, questo mai, ma neanche adesso lo penso.

Quindi potresti ritornare?

Sì dipende da come si mettono le cose, anche perché, vista l'incertezza di come mi sono andate le cose, avevo dei programmi fissi, e invece non sono

*andati quelli, ma in porto sono andati degli altri, non ha assolutamente senso
farli, vivo il presente perché se no vivo male. E dal momento che
effettivamente dentro di me non sono molto sicura di quello che voglio, quindi
mi do tempo.*

Quasi siamo alla fine. Se tu potessi inventare una città in cui
persone di diversa provenienza geografica vi si potessero stabilire
come te la immagini?

Questa è una bella domanda. Di diversa provenienza, di diverso Stato?

Sì.

*Risalirei alle favole per farti un esempio perché è una cosa talmente
utopica perché non... Sì la Torre di Babele, si ucciderebbero tutti, si
metterebbero a litigare, non riuscirei certamente a vederla diversamente.
Perché siamo talmente diversi che tutti insieme messi lì... per quanto vado
d'accordo con le varie nazionalità io non ce la vedo, non riesco ad
immaginarla...* Poi Elisabeta richiamandosi alla sua esperienza
attuale mi riconferma la complessità relativa alla 'costruzione' di
una città cosmopolita. *In tutte le uscite che faccio è capitato, che siamo
international veramente, tipo l'anno scorso eravamo così tutte le volte che
uscivamo in gruppo, ed eravamo: due irlandesi, un americano, io
dell'Albania, tre italiani. Eravamo international, però erano le migliori
uscite, ma perché sappiamo che tutti andiamo via dopo un po', ma non perché
dobbiamo viverci tutti insieme. E' bello trovarsi, però poi ci si sposta, quando
sai che è momentaneo è bello trovarsi, invece quando sai che è fissa prendi le
cose e le vedi in un'altra ottica. Non so, non ho proprio immaginazione,*

strano vero, non ci ho mai pensato ad una città così. Beh io sono sempre stata: basta che facciano tutti quello che credono, cioè seguano la propria strada, se gli dai la possibilità di seguire la propria strada. Elisabeta non si ritiene una persona che vuol difendere a tutti i costi e con tutte le proprie energie il proprio Paese. *Ci sono tante cose del proprio Paese che non ti piacciono, e dipende da te fare la fanatica: "Il mio Paese, il mio Paese", o comunque sia non gli puoi dir niente… In faccia a me puoi dire qualsiasi cosa del mio Paese, non mi interessa.*

<u>Quale è la cosa che non ti piace del tuo Paese?</u>

Il 'fancazzismo'.

<u>Cioè?</u>

Hanno voglia di lavorare poco, non gli piace far fatica, almeno la maggioranza, o comunque si lamentano tanto, perché non c'è questo, perché non c'è quell'altro, ma cavolo datti da fare, e tanti dicono: "Io in Italia non mi trovo bene, mi trattano male", e io dico: "Perché a me invece trattano bene? Non è perché sono più bella di te, o sono più intelligente di te!" E' semplicemente il modo in cui ti imponi, o comunque il modo in cui tu ti poni, più che imponi, cioè se tu parti con la faccia da vittima o comunque: "Io vorrei che l'Italia mi desse", ma tu all'Italia cosa dai? Lei poi mi rivela che qui in Italia fondamentalmente è come se fosse a casa propria. *Faccio le stesse identiche cose che fanno gli italiani: lavoro, pago le tasse, cioè i miei soldi sono basati su quello che è il mio lavoro, per fare i miei studi sono basati sulle tasse che io pago, per poter andare a casa usufruisco di* quelle *linee aree che usufruiscono tutti gli altri. Quindi da un punto di vista sostanziale non c'è assolutamente niente che fa un'altra persona italiana per il proprio Stato più di quello che faccio io, o altre persone, che ce ne sono tante come me. [...] Sta a te il grado di tolleranza, di flessibilità che hai e il desiderio di farti valere anche. [...] Di farti valere e il desiderio di conoscere quelle persone, cioè non semplicemente di farti valere, che ok mi valorizzano loro, io sono la più bella, dunque voi mi dovete... Perché ecco io ti tiro fuori subito: "Vedi che sei un razzista", posso farti la scenata subito, ma cosa mi ha dato a me la scenata? A me ha tolto un po' dentro perché vuol dire che ho un po' di complessi dentro, cosa che non ho alla fine, perché dico: se è un Paese in cui ci sono molte più possibilità del mio, io ho sempre voluto il meglio per me e lo vorrò anche più in là. Quindi nel momento in cui l'Italia non mi darà, molto probabilmente prendo e vado via e vado da un'altra parte dove posso avere di più.* Il 'segreto' per riuscire a vivere bene in un Paese che non è quello natale, è, secondo Elisabeta, apprezzarsi e sapersi far valorizzare per la propria autenticità. *Le preferenze sono cose di tutti gli esseri umani e ci saranno sempre. Il punto è, per trovarsi bene, almeno secondo quello che ho capito io, è riuscire a farti valere proprio per quello che sei, e non sentirlo assolutamente il discorso della diversità di trattamento. Cioè proprio tu parti con il presupposto che dentro di te non c'è, parti così, è un po' da idealista, all'inizio ti trovi di fronte ai fatti reali che effettivamente la diversità c'è, ed è quella che ti ho detto all'inizio, però non è di peso. Cioè per me quella diversità lì non mi fa niente.*

Vorrei porti l'ultima domanda e cioè: cosa ti manca qui?

La casa, essere di casa lì dove sei, non sei di casa. Proprio la casa fisica, sono in affitto, non lo sopporto.

Ma tu intendi la casa come struttura?

Sì perché con il passare del tempo son diventata troppo indipendente anche dalla mia di casa. Casa, nel senso che non devo più cambiare ogni anno perché son stufa e basta. E poi se ci fosse almeno un po' più di speditezza nelle varie carte che ti fanno, un po' meno cavilli che ti tiran fuori ogni volta, quello più che altro. Ma quello so che è anche per motivi di sicurezza, più che altro la burocrazia proprio, il fatto di... come te li prendono quei documenti lì, che poi te ne chiedano tanti ok, lì è una questione di Stato proprio... Ma una casa...

Ah, vorresti avere una tua casa allora?

Eh sì ma non l'avrò [sorride]. Anche se avessi i soldi non la prenderei, perché non so se mi fermo qui... Effettivamente avrei più voglia di una città metropolitana.

Perché Verona è troppo piccola?

Per i miei gusti sì.

Dove vorresti andare? A Milano?

Milano mi piace, non mi piace la metro però, Bologna forse di più perché ha un mix tra la parte industriale e la parte economica ed anche la parte artistica. Anche Milano le ha tutte e due, però c'è sta prevalenza del capitale su tutto il resto. Son le uniche due mete forse, se non Verona, visto che ci son già. A Roma no perché ormai mi sono distaccata da tanto tempo, e in più è troppo caotica, dispersiva in modo assurdo, troppo. Comunque Elisabeta ripete che non ha ancora pianificato il proprio futuro, ma il desiderio di andare in Inghilterra è tuttora forte. *Adesso non ti so dire perché non ho ancora provato, e infatti non ho intenzione di fermarmi in Italia senza provare quello dove volevo andare: Inghilterra, Francia, andare anche come ragazza alla pari, in un modo o in un altro lo faccio.*

Il tempo datomi a disposizione da Elisabeta si è concluso, comunque anche l'intervista era ultimata. Lei ha un impegno e così ci salutiamo ed io la ringrazio per l'opportunità che mi ha offerto.

Perché sei emigrata?

Leggere per capire, leggere è capire ma, in questo caso, è anche viaggiare con queste [...] donne che ti guidano con fermezza e con tristezza, che sanno e non sanno ancora abbastanza, che ti rispondono e ti interrogano. Viaggiare con loro è viaggiare per loro, altrimenti sei perduto nella pagina.

Dario Renzi

Prefazione in Antonella Pelillo, *Il mondo è qui*, Prospettiva, Roma 2000, p. 7

Queste testimonianze si sono rivelate ricche di un'infinità di notevoli particolari che apportano ulteriori elementi d'analisi a quel vasto e complesso mondo che con questa ricerca sto cercando di comprendere. Le donne immigrate sono state le principali protagoniste in questo raccontarsi, nel quale sovente i ricordi di qualcosa o di qualcuno che è rimasto nella loro Terra, ha creato in alcune di loro molta amarezza, e un senso di opprimente sconforto. Ed è in quei momenti che la mia presenza pareva quasi svanire, come anche il mio silenzio risultava, paradossalmente, l'unica forma di comunicazione; non nego comunque che, a volte, vedere il pianto di alcune di loro mi disorientava. Per quanto riguardo il 'silenzio', Silvia Blezza Picherle scrive in un saggio dal titolo emblematico *Educazione al silenzio ed intercultura,* quanto segue: "Si tratta [...] di uno stato interiore, che cogliamo, viviamo, assaporiamo, ma che dovrebbe essere volto continuamente al cambiamento, proprio per migliorare la dimensione di ascolto dialogico. Potremmo quindi affermare che il silenzio è sia un *essere* sia un *divenire.* Ed è proprio questo *divenire del silenzio e nel silenzio* che interessa maggiormente, perché si presenta come una condizione essenziale e basilare per iniziare a costruire un dialogo interculturale *tout court.*"[7]

La peculiarità che accomuna queste sette donne è la loro medesima situazione d'essere immigrate, anche se ognuna giunge da un Paese natale diverso. Da qualsiasi luogo della Terra si provenga, la nostalgia non ha confini; ogni donna ne ha avvertito in qualche modo la presenza, anche se in maniera più o meno stabile, o più o meno travolgente. "In generale", sostiene Antonella Pelillo, "rivisitare il proprio passato, e ancor più in un tempo ristretto come quello di un'intervista, non è semplice. La mente torna d'improvviso agli odori, ai colori, ai suoni della

---

[7] BLEZZA PICHERLE S., *Educazione al silenzio ed intercultura,* in AGOSTI A. (a cura di), *op. cit.,* p. 65.

propria terra, ad alcune persone care, a momenti particolarmente decisivi e importanti, alle stesse ragioni della propria partenza. Molte volte un sorriso si è acceso nel ricordare un momento di gioia o quanto si è stati felici nella propria infanzia o giovinezza, accompagnato dalla nostalgia di luoghi e persone che si portano dentro e che non si vedono o dai quali non si ritorna da tempo."[8]

Rispetto a quanto distingue le donne da me intervistate, è il loro luogo d'origine che le fa essere ciò che sono. Chi parte dal Ghana ha un diverso bagaglio da trasportare rispetto a colei che giunge dal Brasile, o da altri luoghi. Le donne mi hanno permesso, grazie al loro narrarsi, di scoprire alcune particolarità tipiche provenienti dalla loro tradizione culturale, come alcuni loro stili appartenenti al diverso modo di avvicinarsi alla vita, peculiarità che nessuna rivista, quotidiano o documentario, generalmente menziona. In merito a quanto ora tracciato Ada Lonni così si esprime: "Gli stranieri presenti oggi in Italia e, in quanto migranti, sono tutti uguali fra loro: hanno un passato di sofferenze che vorrebbero, ma non possono dimenticare; hanno sogni e speranze che coltivano per se stessi e per i loro figli; hanno nostalgie che raramente si possono lenire. Ma ciascuno di loro è anche unico, ha una sua storia che lo rende diverso da tutti, una storia che dobbiamo imparare a conoscere perché è la

---

[8] PELILLO A., *Il mondo è qui - Dialogando con 100 immigrati*, Prospettiva, Roma 2000, p. 67.

sola che ci aiuterà a dissolvere le paure. [...] Noi non possiamo naturalmente pretendere di conoscere tutte le storie individuali, ma dobbiamo innanzitutto scrollarci di dosso l'idea di una omogeneità che non esiste e non potrebbe esistere; e provare ad aprire delle finestre per lo meno sui mondi da cui questi stranieri provengono, sulla loro gente, sul rapporto del loro paese con l'Italia, sul perché hanno scelto le nostre città e non altre per dar corpo ai loro sogni."[9] In riguardo a ciò Carmen, una delle intervistate, soffermandosi sulle differenze femminili riscontrate nel confronto tra il suo Paese d'origine, la Romania, con il nuovo Paese d'insediamento, sostiene che: *Da noi dai quarantacinque anni sembrano tutte vecchiette, perché c'è l'idea, nell'opinione comune, che ad una certa età ti vesti in un certo modo, ossia con dei vestiti molto più scuri. E' come un tirarsi fuori dalla vita mondana, tirarsi da parte, perché l'idea è di un periodo prima della morte in cui si debba essere molto più una persona che riflette, che prega, che sta fuori dalle cose del mondo. Una persona che si prepara, si incammina verso la morte, e che lascia lo spazio, il posto ai giovani. Invece qui è l'opposto. Da noi ad una certa età i genitori non gestiscono più la casa. Se hanno dei beni li danno ai figli e glieli intestano; loro si tengono in un angolino, loro vivono lì e il tutto lo gestiscono i loro figli. Invece qua è l'opposto, non so... i genitori che hanno lavorato una vita e*

---

[9] LONNI A., *Mondi a parte - Gli immigrati tra noi*, Paravia Scriptorium, Torino 1999, p. 29.

arrivano alla pensione qui incominciano a viaggiare, ad andare di qua e di là, i ragazzi se hanno bisogno di qualcosa… che lavorino e se lo procurino!

Ogni Paese quindi possiede tipicità proprie, ma anche ogni donna – importante sottolinearlo, – ha in sé singolarità esclusive ed uniche, come, per l'appunto, si sono rivelate pure le stesse interviste.

Il luogo natale, oltre ad essere inteso come qualcosa di protettivo e accogliente, può essere anche qualcosa di limitante, a cui bisogna sottostare. Ranzie che dal Ghana è giunta in Italia, nella sua testimonianza dice che *Veramente dove vivevo prima stavo bene, non è come qui. Ecco lì ero abituata… allora ero una ragazza ed ero abituata che mi dovevano servire sempre. […] Non è che avevo il bisogno di andarmene, di uscire dal mio Paese ed andare in cerca di chissà cosa. Però come ho accettato di sposare mio marito, devo accettare di vivere qui. Poi la nostra cultura, la nostra tradizione… lì sono gli uomini che comandano, quindi io non posso continuare a dire: "Non mi piace questo, non mi piace quest'altro". […] Ecco io ho accettato di vivere con mio marito, e con la mia intelligenza devo accettare anche dove viverci.* A tal proposito voglio evidenziare che Ranzie nel proseguo dell'intervista mi ha confidato che il suo più grande desiderio è comunque di ritornare al proprio Paese con o senza suo marito.

E nei progetti futuri il ritorno da dove tempo fa si era partite è qualcosa a cui quasi tutte le sette intervistate anelano, o comunque il progetto è tuttora aperto, nel senso che l'Italia non fa parte di qualcosa di definitivo. Carmen è forse una delle poche che non menziona la volontà di ritornare al proprio Paese, la Romania, ma comunque manifesta il bisogno di farvi ritorno ogni tanto. *E' una cosa strana, nel senso che anche se passi tanti anni in un'altra realtà, in un'altra società, io mi trovo benissimo adesso qui e vedo la mia vita qui, però allo stesso modo sento il bisogno di ritornare ogni anno. [...] Là incontro tutti. Il bisogno di ritornare alle origini è forte ed è sempre stato così. Il bisogno di tornare... là mi sento proprio a casa, anche se qua non mi sento male. Là torni a quello da cui sei partita e vedi i tuoi cambiamenti.* Questo bisogno è comunque ciò che le lega tutte e sette, è la necessità di riportare se stesse, almeno ogni tanto, là dove sono partite. Elisabeta a proposito dice: *Ho bisogno urgente di andarci perché devo rinvigorirmi un attimo, perché è una cosa che mi serve come persona, per sapere dove sto andando. Non tanto mi assilla avere una meta fissa, dato che si è sempre in movimento, ma il discorso è quello di sapere da dove vieni, e quale è la cosa che ti contraddistingue. E' questo quello che ho paura di perdere, e che con il tempo che passa vedo sempre più affievolirsi.*

Interessanti e degne di nota sono, a mio avviso, le risposte avute circa la domanda: "Perché sei emigrata?" L'amore è stata la motivazione maggiormente espressa, e chi per questo ha compiuto tale scelta non manca di sottolineare che nel suo Paese stava bene, ed in merito a ciò Fatma racconta: *E allora... non ho mai pensato veramente di emigrare; stavo bene, lavoravo, prendevo soldi più di qua. La verità... avevo una famiglia... bella, grande, affettuosa, miei fratelli, mie sorelle, tutto, non ho mai pensato ad emigrare, ad andarmene, stavo bene... Affinché ho sposato mio marito... E allora... insomma, è stato questo progetto di matrimonio a portarmi qua.*

Altre motivazioni riscontrate sono state gli studi, oppure poter avere migliori prospettive di vita, che invece nel luogo natale erano limitate e circoscritte, anche se poi, effettivamente, per alcune di loro i sogni e le speranze si sono drasticamente infrante. Ad esempio, il mercato del lavoro non si è rilevato molto ricco nell'offrire a queste donne opportunità che rispondessero alle loro effettive richieste, dopotutto a casa loro avevano lavori più qualificati. E c'è chi ha dovuto accontentarsi di svolgere lavori domestici, pur con molta amarezza, dato che a volte bisogna scegliere solo il meno peggio, anche perché ci sono i figli da crescere.

In queste donne ho percepito una grande forza d'animo, e seppur a volte forse la nostalgia aveva preso il sopravvento sul presente, sono riuscite a non lasciare che si abbattesse sulle loro vite lo sconforto e la rassegnazione. Perché credo che lo spostarsi verso un luogo che fino a poco tempo fa era solo un punto più o meno grande, più o meno conosciuto su un atlante geografico, sia, a tutti gli effetti, qualcosa di veramente rivoluzionario per la propria vita, per quella di chiunque. "Ed è questa grande capacità di 'lasciare tutto per seguire altre vie' che, a nostro avviso, connota e marchia 'umanamente' tanti stranieri presenti nel nostro territorio; una forza incredibile che permette loro di muoversi e spostarsi attraverso stati, continenti, oceani per trovare altrove una 'nuova vita' per sé e per i famigliari. Ma nessun sradicamento, nessun abbandono è privo di dolore. Ed il dolore e la nostalgia per quello che molti di loro hanno lasciato al 'paese', sono i sentimenti che maggiormente emergono dalle loro parole, parallelamente alle difficoltà di adattarsi ad altri usi, costumi ed abitudini."[10]

All'inizio ho riferito circa il percorso tortuoso e impervio che ho incontrato nella ricerca delle donne immigrate da intervistare. Ora aggiungo che tale sforzo da me profuso non è stato per nulla vano: le donne intervistate sono state per me fonte di nuove conoscenze. Con loro ho avuto la possibilità di inoltrarmi in quel mondo complesso e invisibile fatto di emozioni, nostalgie, ricordi, dolori, sogni, gioie, che è dato dalla condizione del migrare.

In un seminario dal titolo: *Donne nel mondo tra diritto e informazione*, tenutosi all'Università di Verona nel Marzo 2002, Suor Elisa Kidanè, responsabile del sito www.femmis.org, pronunciò delle parole che furono per me estremamente

---

[10] ARDINGHI G., TESSARO J., *Vù cumprà - No, non compriamo niente*, Edizioni Biblioteca dell'Immagine, Pordenone 2002, p. 7.

significative. "La liberazione della donna avviene attraverso la donna stessa: è la donna la promotrice di se stessa. Le donne... non è che non hanno la voce, ma esse non vengono udite."

In questo scritto, come già ho ribadito, ho voluto che fossero le donne, loro, al plurale, appunto quelle da ascoltare, e ciò motivato dal fatto di "trovare un modo per ridare dignità a delle esperienze di vita [...] che potrebbero darci, a loro volta, nuove indicazioni e aprirci nuove vie [...] e che, soprattutto, ci ricordino sempre che i migranti sono dei protagonisti, dei soggetti e non solo degli oggetti problematici di studio."[11]

---

[11] ALAIMO A., MARENGO M., *Tracce dell'origine: un approccio inconsueto dell'alterità. La Sicilia nei racconti dei siciliani di Losanna*, in BRUSA C. (a cura di), *op. cit.*, p. 476.

Epilogo

Nove Giugno, un numero di buon auspicio ed un mese portafortuna, così, proprio come l'ho affettuosamente battezzato quel memorabile 9 Giugno 2004. Una data ormai senza ombra di dubbio da festeggiare annualmente, scolpita lentamente, ma con una tale precisione nel mio essere più profondo e in cui nessun elemento perturbatore potrà, anche solo per un passeggero istante, pensare di cancellare per sempre, relegandola nei ricordi banali e privi d'intensità. Il mio cuore, lo scrigno più prezioso che posseggo, non glielo permetterà.

Eh sì, quelle donne, le sette donne da me intervistate, hanno permesso in una sorta d'inconsapevolezza di far germogliare quel fragile e debole seme che probabilmente, a mia insaputa, giaceva inerte, timoroso, da anni in me, e che solo dei piccoli ed insignificanti sussulti facevano apparire nella sua tenue presenza.

Il percorso per pervenire a raggiungere le sette donne si era rivelato arduo ed irto di difficoltà, piccole e grandi, così come pure il processo di crescita di quel mio tenero seme. Probabilmente è stato proprio grazie al mio desiderio quasi smisurato di ascoltare, alla mia tenacia, alla risoluta volontà di volere incontrare quelle donne, che mi ha permesso d'essere toccata in quelle minuscole, quasi impercettibili corde che avvolgevano perennemente il mio cuore insoddisfatto, bramoso di qualcosa senza nome, innominabile perché sconosciuto anche a me stessa, e che fece in modo che la magia si compisse. Un sortilegio impreziosito da dolci parole, come anche dure, a volte persino aspre, che veicolavano innumerevoli sentimenti, intrisi di melanconia e di sapori indimenticabili, unici, inimmaginabili per me, e nei quali ritrovare inconsolabili lacrime che scorrevano senza sosta, e facevano germogliare la magia dell'emozione, tanto inaspettata e piena. L'esile seme ha deciso di iniziare ad esistere e far sentire acutamente la "propria voce", era il mio esile seme che si muoveva.

L'insoddisfazione divenuta compagna mia fedele ha dunque iniziato ad abbandonare poco a poco il terreno delle incertezze, e quel seme sempre più forte e deciso a schiudersi si è tramutato in sete, in fame, in un desiderio d'esplorare nuovi mondi, sperimentare sulla propria pelle le parole preziose e commoventi delle mie sette donne.

Fu così che avvenne la nostra partenza, mia e di mio marito, verso la Francia, verso Parigi.

Parigi, certo, in chilometri non è poi così in "capo al mondo" rispetto all'Italia, ma per tutto il resto vi posso assicurare, che dopo cinque anni e mezzo di "quotidianità" e "d'immersione totale" in questa metropoli che è divenuta ormai parte del mio esserci, Parigi non sarà mai la mia terra. La condizione di straniero è sempre lì, anche senza bramarla, è la tua etichetta costante ed immutabile che ti porti dietro e dentro. Arrivi come straniero e come tale, rimani. Viviamo in un mondo dove la terra è divisa e le persone con essa, e in cui la gente è classificata in base alle sue origini. L'appartenere ad una terra è oggi appartenere ad un popolo, ad una lingua, ad una cultura. Questa diviene imprescindibile, e serve probabilmente agli uomini per sentirsi in un certo senso protetti, per mantenere dei privilegi su altri, per sentirsi migliori di altri... Forse è proprio per tale motivo che il pianeta Terra continua a trovarsi diviso in differenti Stati. Si stabilisce un legame con il luogo in cui si nasce, non tanto con la terra nel concreto, ma con ciò che essa rappresenta, l'etnia che rappresenta: l'essere italiano, inglese, algerino, brasiliano ecc., in cui l'abitante di un determinato e specifico luogo, finisce per doversi identificare con esso. E' come se ci fosse una specie di codice sociale, tu divieni quel luogo e... non potrai appartenere ad altri. Potrai cambiare casa, potrai girare il mondo, ma se sei nato italiano resterai sempre italiano, se sei nato algerino, rimarrai sempre algerino. Chissà, la vita (mormorano in tanti) riserva sempre delle inimmaginabili ed inaspettate sorprese, vivendo pienamente forse potremmo desiderare di vedere e gustare altro, ma oggi quel momento non sembra ancora arrivato: i francesi preferiscono stare con i francesi, i cinesi con i cinesi, gli arabi con gli arabi... Il famoso métissage dei popoli, rimane un ideale, al quale forse non credono più nemmeno in tanti, anzi, forse più nessuno.

Finalmente il motore sembra aver perso i mille rumori fastidiosi che da alcune ore tormentavano senza sosta le mie fragili orecchie, facendoci invece guadagnare la sospirata velocità che desideravamo. Eh sì, perché il nostro camper rosso fiammeggiante ha ora incontrato sul suo cammino quotidiano un dolce tratto, ossia una formidabile discesa, in cui potersi riposare e farsi ammirare senza sudore alla fronte in tutta la sua splendida freschezza.

Splendida? Certo, qualcuno potrebbe con facilità mutare l'appellativo in "bizzarra", per cercare di descrivere meglio questa macchina che sembra proprio fuoriuscita dal laboratorio di un artista un po' folle. In fondo è solo una scia di rosso puro che t'investe quando una discesa appare all'orizzonte, mentre non è che un semplice mezzo di trasporto un po' fuori dall'ordinario ma dai mille colori: rosso, giallo, blu, nero, arancio, violetto, bianco, verde, marrone, insomma, una sorta di tavolozza in cui ogni colore è ben delimitato e fiero di esistere, quando invece lo si può raggiungere con estrema disinvoltura su una banale salita.

Improvvisamente un pensiero sgradevole ed invadente si annida in me lasciandomi un'amarezza inconsolabile. C'è stato un tempo in cui abbiamo pensato, anzi, abbiamo deciso di liberarcene, di venderlo, non tanto perché convinti che senza di lui era meglio, ma ahimè, come al solito per forze maggiori, esterne a noi, come si suol dire: un anno abbandonato. Forse realmente e concretamente i fatti non si sono svolti in questa maniera, ma "trascurato affettivamente" quello sì, ed in tutta la sua tragicità più assoluta. Direte voi, probabilmente scandalizzati dalle mie parole: "ma è una macchina! una cosa, un oggetto, un po' ingombrante, ma pur sempre tale, parlare d'affettività? è un po' fuori luogo!"

Sì, non vi è il benché minimo dubbio: il tutto è avvenuto lentamente e gradualmente, paragonabile ad una sorta di legame inconsapevole che a poco a poco si è instaurato fra te e "l'altro", in maniera irrazionale, senza particolari opposizioni, rimanendo incosciente, un attaccamento che fa parte di te fino a quando non te ne accorgi in quel preciso istante in cui quel qualcosa non fa più parte di te, del tuo esistere. Quanta strada avevamo percorso con lui, quanti sogni avevamo visto realizzarsi assieme, quanti cambiamenti erano avvenuti, passando per luoghi e anni che persistono nei nostri ricordi.

All'inizio, quando l'avevamo acquistato, non era di certo rosso, questo no, si avvicinava più ad un grigio con delle sfumature beige, un colore fatto proprio per non essere un colore, che fatico a definire, o meglio, ora che vivo qui a Parigi e che passeggio parecchio per la città, posso dire che quel colore indefinito abbia un nome ben preciso, il medesimo che l'amministrazione comunale ha scelto perché in tinta con la città per verniciare le biciclette che si possono noleggiare un po' dappertutto: grigio topo. Una tinta che non può che rievocare tristezza, un colore mesto, melanconico, fatto appunto per un mondo in cui il colore non deve abbondare, perché si mormora che sia meglio non abusare mai del colore, altrimenti poi, se sei troppo gaio e festoso: come combatterai le difficoltà quotidiane? Non certo dipingendo tutto di colori sgargianti e briosi, a tal punto che non potrai più distinguere le piccole sfumature di una vita alla quale non si deve mai chiedere troppo.

Io credo, contrariamente a ciò, che sia proprio grazie al desiderio, alla volontà, e perché no, all'idealità di pensare, sognare e gustare immergendosi nel totalizzante ed armonioso colore della vita che una persona possa, circondandosi di sgargianti ed innumerevoli sensazioni, distinguere e comprendere l'importanza del suo esistere. Forse fu proprio questo apparentemente superficiale, ma nel medesimo istante piuttosto significativo particolare, a spingerci ad affrescare il nostro camper, trasformandolo in un magnifico camper rosso. La nostra inconsueta ed unica navicella di salvataggio, pronta, al di là d'ogni stagione ed in ogni momento, ad ogni evenienza. Per noi un piccolo, ma efficace ed essenziale filo solido, nato per poter riuscire ancora a farci sognare, in un mondo in cui porsi al di là dell'ordinario è troppo spesso considerato come eccentrico, se va bene, altrimenti persino marginale e non sicuramente semplicemente come se stesso.

Il camper rosso: una sorta di libro atavico colmo di simboli ancestrali, carico di pigmenti puri, libero di circolare, ma purtroppo sempre pronto anche ad essere "mal visto". Difatti quando si va oltre la norma, la cosiddetta normalità consueta, il rischio dei pregiudizi aumenta esponenzialmente, facendo in modo che le regole umane, forgiate per mantenere nell'ordine del sistema vigente, finiscano per uniformare tutto senza porsi troppi problemi, senza preoccuparsi troppo delle persone e del loro diritto di poter continuare a desiderare. Un esempio di ciò si dimostrò appena poco tempo dopo che il nostro camper aveva acquistato l'aspetto di "libro atavico". Durante una tranquilla mattina, una mattina come tante altre, avvicinandomi al camper per poter salire e recarmi sul luogo di lavoro, mi vidi improvvisamente circondata da alcuni agenti delle forze dell'ordine con armi in pugno e per nulla rassicuranti. Dopo un attimo d'incomprensibile e completo sbalordimento, per il loro gesto che mi appariva alquanto sproporzionato, i poliziotti alla fine dei dovuti accertamenti rispondendo alla questione del perché di quella loro imboscata affermarono con estrema disinvoltura che il loro comportamento era stato motivato dall'apparenza sospetta del mezzo di trasporto. Una tonalità di colore più identificabile delle altre era stata per loro una vera minaccia, sintomo forse di una follia che possa minare l'ordine pubblico, chissà forse anche quello planetario!

Ma torniamo a noi, torniamo al nostro viaggio per Parigi, quello in cui mi ero "imbarcata" quasi come fosse la conseguenza inevitabile di un mio ennesimo e continuo spostarmi, di un'incessante ricerca di novità, esperienze, di prove a volte anche ardue. Torniamo a rituffarci, come chi abbisogna solo di semplice aria per respirare, nella solida e rassicurante concretezza.

Ed ogni cosa riparte nuovamente da quelle parole lasciate sospese fra terra e cielo in cui il nostro mitico camper rosso intraprendeva, per l'ennesima volta nella sua lunga vita, una battaglia perenne fra lui e l'invincibile salita. Perché, bisogna sapere che in salita tutti lo superavano (il camper rosso, il nostro), senza il benché minimo sforzo, ma inversamente, quando era la discesa a sorprenderlo, allora ahimè solo in quell'unico caso diveniva imbattibile e acchiappava con tenacità la sua rivincita. La sua rivincita lo so, era effimera, durava solo per poco tempo, per un breve tratto e senza grande gloria, era solo una discesa, ciononostante si percepiva nella sua rivincita il gusto della leggerezza, di qualcosa che fluttua liberamente, una metafora poetica, una metafora della condizione umana, della mia condizione umana. E' il momento in cui corri che ti accorgi che stai scappando da qualcosa, che fuggi da qualcuno, forse da te stessa. In quegli attimi hai quasi la certezza che qualcosa di vago, insinuatosi accidentalmente nel tuo io più profondo e recondito ti riacciufferà, e solo allora ti sarà concesso di fermarti, rovistare, avvertire in cuor tuo una specie d'agitazione sconosciuta, alla quale non sai proferirle nome, sostantivo. Viene allora alla luce una forza improvvisa atta a spingerti ad arrestarti perché tu possa sentire il trambusto, ormai costante e ripetitivo, nato e sviluppatosi in te, al punto tale da volerne uscire in tutta la sua completa evidenza. Mentre questa inarrestabile eruzione vulcanica aumenta in potenza ed ampiezza, essa s'infiamma, si dipana, accelera involontariamente il tuo battito cardiaco, al punto tale da rimanerne spaventati, ed unicamente in quella solipsistica frazione di secondi, dove tutto appare totalmente nebuloso ed al medesimo istante allettante, tu afferri energicamente, forse per la prima volta nella tua vita, una decisione, la grande decisione.

Eh no, no, un ringraziamento particolare non va indirizzato a nessun altro, il principale ed essenziale attore in tutto questo cataclisma generalizzato è il tuo essere. Sei tu che hai, in un certo qual modo, scatenato il tuo desiderio assetato di andare, liberandoti dalle infauste briglie, usurate dal tempo, dalla tempestosa curiosità di scrutare minuziosamente un nuovo mondo, lasciando faticosamente e a stento le poche e deboli certezze che riuscivano quasi sempre ad illuderti che eri viva e… parti. Parti, totalmente consapevole di ciò, consapevole dell'ignoto verso cui tendi, dello spaventoso, dello sconosciuto, il non noto, ma nel quale anche per questo conserva una serie quasi infinita di possibilità, forse grandi o forse solo piccole, ma possibilità che prima non avevi. Poco importa dunque la loro dimensione, difatti è nell'innanzi, nel momento del suo dispiegarsi, che può irrompere e diffondersi il fuoco d'artificio, quel valore inestimabile intriso di senso per la tua nuova vita. Un gusto inedito, inqualificabile, tuttavia per il tuo esistere: estremamente prezioso.

Nonostante le dure salite e le rilassanti discese, sono undici giorni di dolce viaggiare e di lunghi approdi in luoghi sconosciuti, pertanto non ostili al nostro peregrinare, cosicché l'idea di un possibile ritorno sui nostri passi è ormai un rimpianto remoto. Non ci sentiamo assolutamente dei semplici vacanzieri in cerca di una "evasione" momentanea, ma cittadini planetari, rapiti da una sorta di follia atemporale, privi forse di mezzi per far progetti scrupolosi, quello sì, ma in ogni caso ricchi di sogni che sanno attrarci, anche quello sì.

Ed è anche quando hai finalmente a tua disposizione del tempo per pensare, ossia che puoi permettere ai tuoi pensieri di assolvere il faticoso compito di legarsi a ciò che vivi, che hai anche l'impressione che quelli, i tuoi pensieri, non si disperderanno insensatamente tra mille e spericolate valli, tra infiniti pendii, solitari e impervi. Impercettibilmente, il ricordo vivido nato sulle ali dell'incoscienza raggiunge le vette della comprensione, ed io mi trovo a ripercorrere a ritroso il viaggio, questo viaggio sensazionale, la grande decisione, noi e le nostre vaghe idee, vaghe per alcuni, non certamente per noi. Esse, le nostre idee, sono loro il vero motore, il condimento piccante di un vivere più ampio, oltre il limite dell'esclusione.

Quelle donne, attraverso le loro parole, hanno risvegliato in me qualcosa che non sapevo d'avere. Loro, con le loro storie uniche e piene di sogno, hanno saputo offrire un senso a quell'oscuro e misterioso trambusto che si agitava in me. Attraverso le loro parole ho trovato la mia parola: emigrare, volgere lo sguardo altrove. Sì, altrove, quell'altrove che per alcune di loro si è rivelato a volte anche molto distante, e che non posso dire altrettanto per me, partita semplicemente dall'Italia del nord per approdare in un altro nord: della Francia. La distanza del resto non è poi così fondamentale, l'essenziale è vivere in un Paese diverso dal proprio, un altrove appunto. Questo perché è prerogativa di ogni luogo quella di poter essere percepito in modo più o meno ostile; tuttavia il mio sentimento costante, continuo ed ineluttabile, quello che mi ha seguito come una specie d'ombra invadente ed inspiegabile, diurna e notturna, poco importa, è racchiuso nella brevità di una sola parola: diverso.

La diversità, quella che purtroppo spesso assume il significato negativo dell'esclusione. Sentirsi in ogni situazione una persona che è posseduta da un'altra lingua, che possiede altri modi di descrivere e descriversi, è come sentire solo una parte di ciò che si prova, è come se ciò che ti succede avvenga solo a metà. I canali di comunicazione s'interrompono ad un certo punto, i codici di trasmissione sono spesso differenti gli uni dagli altri, tutto ciò mette a disagio, è doloroso, spiacevole. Sarebbe probabilmente facile scovare punti d'intesa, saldarsi in un punto esatto semplicemente con un po' di tolleranza, quella mista all'umiltà dell'atto di comprensione; eppure questo gioco di reciprocità, che a prima vista sembrerebbe così banale perché apparentemente innato nella specie umana, risulta tristemente impossibile a realizzarsi.

E' strano, ma mi percepisco diversa solo a chi mi appare francese, non ad altri stranieri, nemmeno d'altri continenti. Ogni qualvolta entro in relazione con l'altro, lo sguardo, la parola altrui, prevale su tutto il resto. Sono ormai cinque anni e mezzo che vivo a Parigi ma continua ad infastidirmi enormemente quando un cameriere si rivolge a me in inglese. So che forse non è colpa sua, ma io non parlo inglese, parlo italiano, parlo francese, se vuole anche quello che alcuni hanno da poco iniziato a chiamare lumbard, e che io ho imparato come semplice dialetto. Eh sì, non nego di avere un accento piuttosto marcato ed evidente, ma ormai so di parlare francese meglio d'altri italiani che appaiono persino nei programmi culturali della televisione francese. Sarà che a volte è così che voglio pensarla, probabilmente anche per rassicurarmi, e che per loro sia solo una premura, un modo per dimostrarsi attenti nei confronti dello straniero, tuttavia e ahimè è così che sente il mio cuore: sente diversamente da ciò che la ragione con le sue parole vorrebbe esprimere.

Non posso affermare di soffrire del male che spesso attanaglia l'immigrato: la nostalgia melanconica, la mancanza del paese natale, dei cari, tuttavia è qualcosa d'irrazionale e quasi inspiegabile che a poco a poco si è installato in me già da subito dal mio approdo a Parigi. Una sorta di carenza d'energia, come se per riuscire a vivere serenamente in questa metropoli, ci fosse bisogno di dover usare maggior carburante per ottenere gli stessi risultati che avrei potuto conseguire al mio paese. Quindi, di conseguenza, devo imperativamente trovare la chiave per poter azionare quel meccanismo che purtroppo, devo ammettere, mi è comunque rimasto fino ad oggi piuttosto sconosciuto, poiché ben protetto, questo affinché possa sperare un giorno di potermi permettere d'aver a mia disposizione una notevole scorta di quel "combustile", e la mia energia vitale non conosca penuria.

L'indifferenza più totale che mi rasenta nel camminare tra la gente, eterna comparsa di un film, che è la mia realtà quotidiana a volte sfiora l'indicibile umano, così che spesso una domanda talmente funebre sgorga in me, da apparire al di là d'ogni possibile ragionamento. Una via d'uscita deve pur esserci all'incomunicabilità; ed è come quando un tarlo minuscolo penetra in un grande pezzo di legno ed inizia la sua opera distruttiva, non puoi liberartene solamente fingendo di non vederlo né sentirlo. "E se anche tu lo sei o lo stai diventando indifferente!" E' un urlo silenzioso, soffocato, occupa poco spazio, ora, ma ho paura che se riuscirà a crescere le sue proporzioni potrebbero diventare invalicabili ed angoscianti. Forse stai, e lo dico a me stessa utilizzando la terza persona perché ciò mi fa meno paura, rimettendo in questione il tuo eterno spostarti, il mio spostarmi di qua e di là... eppure non tutto è ancora chiaro... cerchi... ti affanni a cercare scrupolosamente, quasi assennatamente qualcosa che ti possa far aggrappare, per poter continuare la tua avventura umana. Tuttavia basterebbe solamente un impercettibile gesto, ma ricco di significato, una delicata e commuovente parola sentita da te vera ed autentica, come per quelle donne, le mie sette donne, nelle quali attraverso i loro racconti coinvolgenti ti vedevi, ti specchiavi intensamente, che erano fiere della loro scelta d'essere divenute migranti verso una vita... migliore! L'incantesimo però non ritorna. Il sapore aspro delle delusioni colora certe tue giornate ormai ricorrenti... e ti senti triste.

La Francia, che ti ha rapito anche l'anima della tua navicella di salvataggio ti sembra ora detestabile. Questa volta era stato "lui", il camper rosso, ad essere stanco di tanto vagare. E' stato lui che tristemente ci ha abbandonato quella bella e banale giornata d'Agosto in cui si è messo a ripetere puff. Il suo cuore affaticato dal tempo, aveva reso i suoi ultimi e funesti singulti, lasciandoci a bordo sbigottiti, smarriti in suolo straniero. Nulla è valso tentare di rianimarlo, né la stima e simpatia che gli portavamo né il nostro fervido coraggio nel credere di dover continuare l'avventura in tre, sforzandoci nel pensare che forse sarebbe bastato un buon riposo l'unica cosa necessaria per poter ripartire con maggior grinta verso l'ignoto. Ma tutto ciò rimase un desiderio, sfumato solo tre chilometri dopo, poiché la sua scelta si rivelò totalmente differente dalla nostra: lui era ormai stanco, voleva solo tornare verso le sue origini, alla sorgente, voleva solo spegnersi definitivamente là dove era nato, presso la sua casa madre: sotto l'insegna della Wolkswagen. E' la che ci lasciò, e che noi lo lasciammo, non troppo distante da Lione. E fu anche così, con grande dignità, che si concluse la meravigliosa storia del Camper Rosso, nato beige.

E fu così che contro la nostra volontà ci trovammo catapultati velocemente e pensierosamente nella metropolitana, dove il tempo, e così ogni cosa assieme a lui corre in fretta, spesso troppo in fretta: Parigi. In contrapposizione, il termine spossatezza guadagna su tutto il resto. Bisogna attivarsi precipitosamente per acchiappare al volo il metrò, per anticipare un eventuale e fastidioso ritardo che accumulerà forse il prossimo treno, oppure porre molta attenzione ai pannelli informativi, così come alla voce invadente, a volte stridente e sgradevole che annuncia un incidente o un ennesimo sciopero, altrimenti sarai tu a pagare un alto prezzo per la tua salute. Inoltre, per qualsiasi attività, sia essa di piacere o burocratica, fa capolino incessantemente ed immancabilmente la tanto temuta ed assidua coda. Loro, i francesi, non sembrano minimamente infastiditi dalle lunghe attese, viceversa per me, è completamente un allucinante incubo, da cui solo la fuga è possibile. Si è sempre rivelato, ai miei occhi, insostenibile il tempo dedicato a ciò, come se in quei infelici attimi (od ore), il mondo si arrestasse in una sorta di blackout dove, il vuoto soffocante, l'inutilità divorante e la tristezza che affligge tutto e tutti, si fossero riuniti in forza per seminare solo desolazione.

Una conseguenza plausibile si nota nella solitudine, essa guadagna terreno, ed inevitabilmente ti percepisci talmente solo, piccolo ed inerte, pur essendo, in una specie di ammassamento, fianco a fianco a tanta gente. Una folla parlante, snervante, stressata e stressante, capace d'emettere suoni indecifrabili, ma amaramente ed angosciosamente inadatta a trasmetterti qualcosa che va al di là della superficie, della chiacchiera banale e monotona dove il niente assoluto regna. Maschere abbigliate di sfumature, grigiore di quotidiana indifferenza, attraversano inesorabilmente le nostre vite, dissimulandosi per quanto gli è possibile in gesti e comportamenti sempre uguali, quasi universali, rivestiti d'ipocrisia fatta carne: sono la loro apparenza o la loro sostanza? Qualcosa d'ambiguo s'insinua, ed è il dubbio a fare "più male".

Pare che sia proprio grazie ad un tempo trascorso in un luogo altrove dal tuo consueto, che la tanto temuta montagna denominata solitudine possa raggiungere vette inaccessibili, invalicabili e sovrumane per i più della Terra e sulla Terra. Tanto che, anche per i più temerari, una sorta di voragine può presentarsi improvvisamente, senza nessun preavviso, lasciandoti solo, veramente solo, in un vuoto totalizzante. "Cosa fare allora!!! Come vivere!!!... E perché vivere?"

Purtroppo è una terribile delusione vivere in un pianeta in cui s'avvera che il proprio vicino rimane inevitabilmente estraneo all'incontro con te, mentre invece, agli occhi degli uomini, l'altro, colui per cui vale la pena di conoscere, sembra essere quello dalle uniche apparenti ed esclusive diversità, forse proprio l'abitante di altre galassie: l'extraterreste, l'irraggiungibile, il quale spesso utilizza il termine diversità per potersi distinguere fra la massa, innalzandosi egoisticamente come giudice dell'umanità intera.

Di conseguenza delle infauste conclusioni invadono ineluttabilmente il mio già tormentato pensiero, suscitando in me stessa un aumento in percentuale di prevaricante sfiducia, senza riuscire a scorgere altro. Ahimè: l'umanità riesce a rendere complesso ed irrealizzabile ciò che viceversa, fin dal primo sguardo, appare semplicemente naturale e scontato, ciò che tanti, ancor prima di me, hanno speso parole e tempo per descrivere, quell'innato desiderio di andare verso l'altro, riuscendo in questo scambio a percepirsi un po' meno soli nell'immensità della vita stessa.

In questa mia esperienza di emigrata-immigrata le mie valigie, all'inizio due o tre, hanno superato ora le dita delle mie mani. Indubbiamente una ricchezza inestimabile composta da svariati concetti mentali, da modi di dire inaspettati e strani, da paragoni appropriati e poi sperimentati, mi accompagna avvinghiata saldamente e piacevolmente in me ormai quotidianamente. Si può riassumere quanto or ora detto attraverso una semplice ed efficace frase: codesta fruttuosa esperienza ha permesso un incontro impensabile fra il mio cuore e quello altrui, fra la mia e l'altrui mente. Imprevisto in quanto inaspettato, non calcolato e perciò, con il senno di un poi, probabilmente più apprezzato. Saper dare un nome più vero al proprio percepire, anzi, scovare il termine capace di andare più in profondità, riflettendo sul proprio vissuto, riuscendo a rappresentarlo ed a condividerlo con altri, diversi da sé, è ciò che più mi inorgoglisisce ed in maniera alquanto sorprendente. Uno scrigno colmo di un tesoro inestinguibile, che nessuno potrà acciuffare come ho fatto io, di farlo proprio come l'ho fatto io, e che ormai sento appartenga solo a me. E' lì l'acquisito, saldato accuratamente con l'esperienza, sofferto, macinato e rimacinato. Mentre la vita continua nella sua quotidianità, esso, ciò che ho appreso, è ormai parte di me, e credo che solo potendolo "utilizzare" tramite la mia forza, la mia energia vitale, che sarà capace di moltiplicarsi ancora, e moltiplicarsi ancora, fino a divenire l'essenza dell'incontro con l'altro, il motivo stabile, il fermo significato che... vivere vale sempre la pena!

Ed è allora che un filtro differente si situa sui e nei miei occhi, potenziandoli di molteplici sfumature colorate, permettendo così di raggiungere con più facilità e linearità la complessità ed ambiguità degli innumerevoli sentimenti che fan vibrare il mio cuore, dipanandosi delicatamente in nuovi mille rivoli, mille possibilità, che giungono alla fine della loro lunga e lenta corsa nella mia mente infaticabile; quella ormai ricca di svariati codici atti a permettere il dischiudersi di un vivere più vicino all'armonia, più distante dai molteplici dissapori dell'universo.

Nonostante questo inarrestabile flusso di va e vieni, la persistente ed inevitabile solitudine mostra un nuovo volto: è ancora triste, ma non è più angosciante; è timorosa perché conosce il lato peggiore che manifesta di sé, questo certamente sì, ma assapora piacevolmente il divenire graduale del proprio aspetto migliore perché crede che ogni solitudine individuale possa incontrare pienamente quella altrui, in uno scambio di solitudini che appunto sanno parlarsi, sanno arricchirsi reciprocamente.

Penetrando con estrema umiltà la propria solitudine, accettandola come una compagna di viaggio indispensabile verso il lungo e tortuoso cammino della propria vita, è questo il viatico per poter scoprire ed incontrare nuovi mondi, individuali o universali che siano. E' ciò che tiene acceso in te quella tenue ma solida brace atta a permetterti di vivere la tua vita nella sua pienezza.

Nonostante il dubbio interroghi sempre, oggi so che riuscirò ancora ed ancora ad incontrare l'altro. Incontrare quel nessuno che è in tutti, quel "colui" che si muove nella folla, che fa parte della folla, che percorre con assiduità strade ardue, che solo nei bei sogni appaiono facili e naturali. I sogni: i veri desideri. E' un nessuno che vuole essere, che chiede a se stesso qualcosa, che non si lascia annichilire dal vuoto, anzi, al contrario, è da quello che attinge la sua forza, dalle situazioni difficili, imprevedibili, dal suo dolore. E' in ciò che la vita può essere vissuta, è in quei suoi molti colori, è lì che essa sa offrire la sua storia, la sua avventura, umana.

Indice

Indice